KB262836

일본어 으뜸
(주)시사일본어사
book.japansisa.com

부산이여 안녕 (ひさしぶり) ! 서울이여 안녕 (さよなら) !

갑자기 무슨 말인가? 라고 의문스럽게 여길 것이다. 저자가 서울에 온 지는 어언 11년째가 된다. 부산에서 일본어강사나 외국어학원을 경영하면서, 쓰라린 아픔을 맛보고 새로운 각오로 서울에서 일을 시작한 것이다. 그 때, 정든 곳을 떠나 새로운 곳에서 뭔가를 시작한다는 것이 상당히 두려웠다. 물론 저자에게 패기나 용기가 없는 탓도 있겠지만…. 서울에서 정말 많은 교재도 집필하고, 수많은 학생들과의 만남, 수많은 대인관계를 가지면서 정말 인생의 새로운 맛을 알았다. 저자가 갖고 있지 않은, 아니 생각지도 못했던 훌륭한 인품을 소유한 분들도 만나 뵈었고, 말로 안 되는 논리를 펼치는 사람들도 만나 보았다. 어떤 사람을 만났던 간에 모두가 저자에게는 소중한 사람들이었다. 이러한 서울에서의 생활을 근 10년 만에 접고, 다시 부산으로 내려간다. 물론, 지금의 이 일의 연장으로 가는 것이지만, 조금은 설레고, 조금은 두렵다. 10년 전에 저자가 있었을 당시와는 환경이 상당히 바뀌어 있을 것이고, 여러 모로 저자가 준비해야 할 것도 많을 것이다. 하지만, 10년 전에 부산을 떠나올 당시와는 사뭇 다른 느낌이다. 그 때는, 정말 도망치듯이 빠져 나온 것이지만, 지금은 당당히 부산으로 입성하기 때문이라고 할까? 그만큼 많은 준비와 철저한 계획이 필요하겠지만….

구 시험이여 안녕 (さよなら)! 신 시험이여 안녕 (こんにちは)!
새로운 유형의 시험은 옛 시험의 유형과 거의 다르다고 해도 과언이 아니다. 그만큼, 학습자나 각 교재의 저자, 일선 학원에서 가르치는 선생님들께서는 완벽히 준비를 하지 않으면, 크나 큰 실패를 맛 볼 것이다. 저자 역시 능력시험 위원회에서 제시한 예제를 가지고 어떤 유형의 문제가 출제될 것인가를 예상하여, 강의를 하였다. 하지만, 큰 실패를 맛보았다. 물론 전 파트에서 걸쳐서 오류를 범한 것은 아니지만, 특히 문법 파트에서는 거의 100% 강의기법이나 교재에서 실패를 했다고도 할 수 있다. 다행히 3번의 시험을 친 경험이 있기 때문에, 그것에 바탕을 둔, 문제유형의 분석과 비슷한 유형의 다른 일본어 시험을 분석하여, 지금은 나름대로 신 시험의 유형에 대해서는 그 누구보다도 잘 알고 있다고 자부한다. 그러한 만큼, 교재를 집필하면 집필할수록 더더욱 새로운 유형의 시험문제에 근접해 간다는 느낌이 든다. 그렇다고 예전에 집필한 교재가 잘못되었다는 것은 아니지만... (적어도 독해나 청해 파트는 아직도 커다란 자부심을 가지고 있다.)
예전에 일본어시험을 준비하신 분 중에, 본 교재를 접하시는 분들도 계실 것이다. 단언컨대, 옛날 시험유형은 빨리 잊어주기를 바란다. (물론 기억조차 나지 않는 분도 계시겠지만...^^) 그리고 새로운 유형에 맞추어서 공부하기를 바란다. 그것도 주로 독해나 청취 위주로…. 독해가 되면 저절로 문자어휘나 문법도 될 것이다. 각 급수 별로 특정한 문법문제의 족보라는 것이 없어졌기 때문에, 문장의 해석과 문장구조를 잘 파악하면 (독해를 잘하면), 문법도 그렇게 어렵지 않을 것이다. 그리고 일선에서 강의를 하시는 선생님이나 교재를 집필하시는 선생님께도 부탁하고 싶다. 진정성을 가지고, 학습자들을 시험에 합격시키기 위해서는 과연 무엇이 필요한 것인가 하고. 적어도 일본어능력시험이나 교재 집필이라는 경력에서는 저자가 선배라고 생각되기에 부탁드리는 것이다.
본 교재로 공부하시는 학습자들이 무사히 긴장감을 갖지 않고, 시험을 잘 치루어 합격하기를 바라면서….

저자 이 장우

목 차

이 책의 구성과 활용

문제 구성 - 문제 유형과 예제

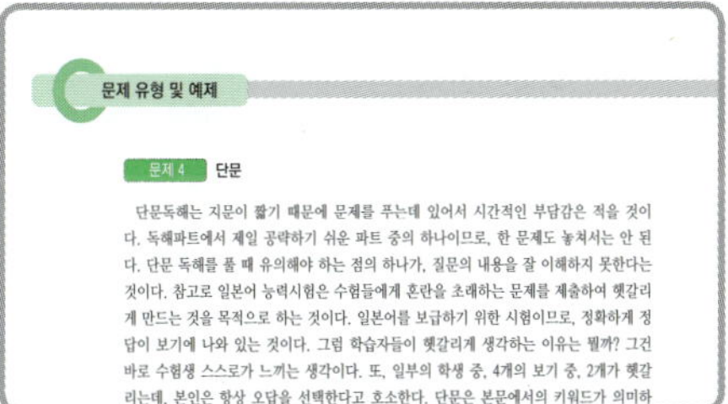

신 일본어능력시험의 문제 유형에 꼭 맞춘 문제 유형 설명과 예제를 실어 문제의 경향을 한눈에 알아볼 수 있도록 구성하였습니다.

쑥쑥 실력다지기 코스

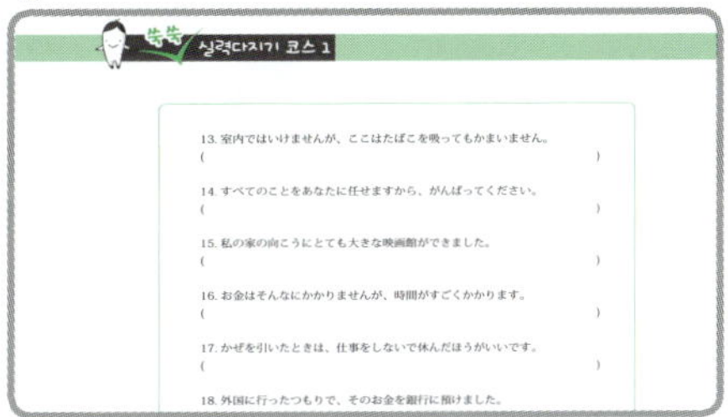

문제를 풀기에 앞서 꼭 익혀두어야 할 학습 사항을 정리해 놓아, 실력을 다질 수 있도록 구성하였습니다.

술술 문제풀기 코스

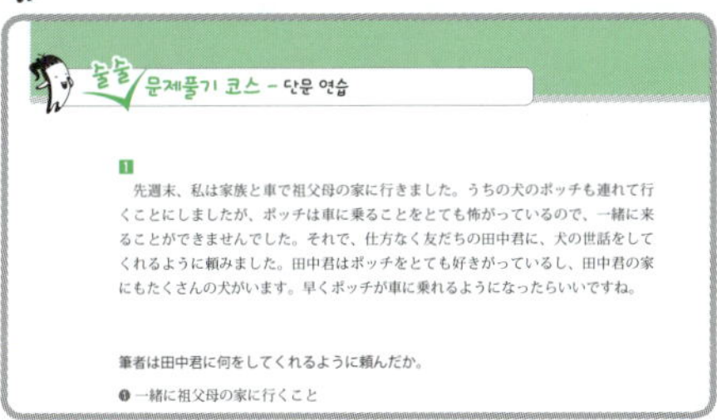

출제 예상되는 예상문제를 풀어보면서 실제 시험에 대한 적응력을 높이고, 실력을 테스트할 수 있도록 구성하였습니다.

아하! 해설코스

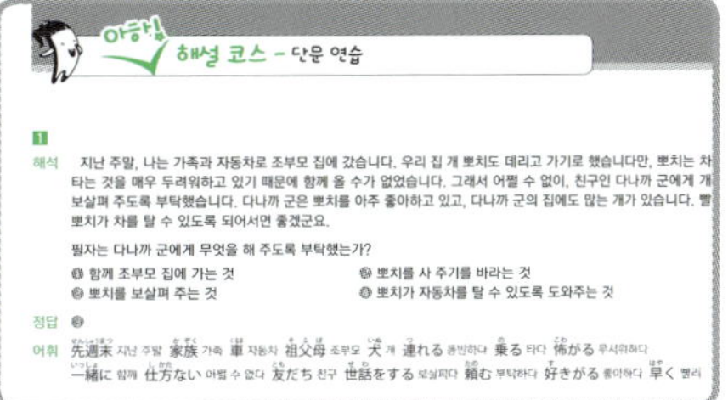

술술 문제풀기 예상문제에 대한 정답 및 해설을 자세하게 실어 놓았으며, 또한 꼭 필요한 어휘도 콕콕 집어 놓아 실력을 업그레이드할 수 있도록 구성하였습니다.

실전 모의테스트

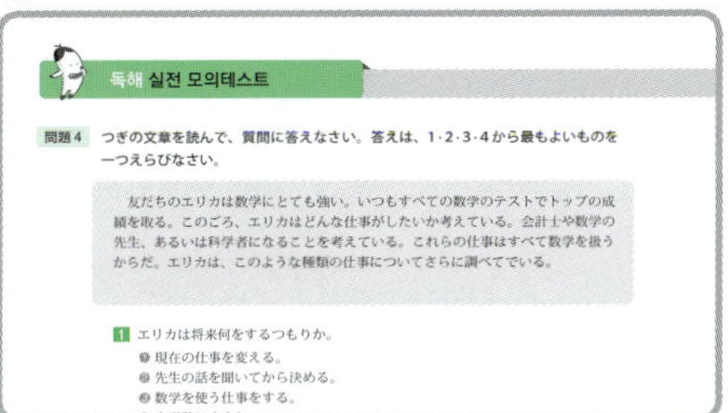

실제 시험에 완벽 대비할 수 있도록 실전 모의테스트 2회분을 실어, 시험에 앞서 최종 실력 점검을 할 수 있습니다.

실전 모의테스트 정답 및 해설

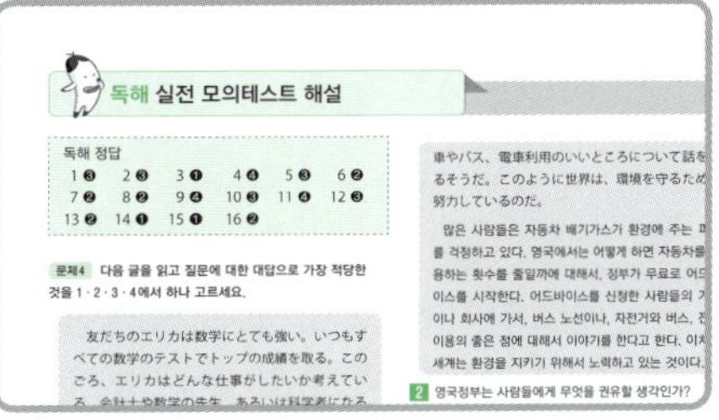

실전 모의테스트에 실린 모든 문제에 대한 자세한 해설과 정답을 수록, 완벽하게 마무리할 수 있도록 하였습니다.

2010년부터 새롭게 바뀐 능력시험에 대해 알아보자.
연 1회 실시되던 시험이 연 2회 (7월, 12월)로 늘어났다.

1. 무엇이 바뀌었는가?

❶ 기존 시험은 단순한 일본어에 관한 지식 위주의 시험이었다면 새로운 시험은 실질적인 문제해결능력을 묻는 문제를 중점으로 출제된다. 그리고 종합배점에서 청해가 차지하는 비율이 기존의 4분의 1에서 3분의 1로 높아졌다.

❷ 기존의 능시 1급에서 4급까지의 레벨이 한 단계 더 늘어나서 5단계로 바뀐다.
새로 신설되는 N3는 기존의 능시 3급과 2급의 레벨차이를 보완하기 위한 것이다.
여기서 N이라는 것은 새로움을 의미하는 「New(新しい)」와 일본어의 의미 「Nihongo(日本語)」의 머리글자이다 .

N1	합격 라인은 기존 시험과 거의 변함이 없지만 기존 1급 보다 조금 더 높은 수준까지 측정할 수 있게 된다.
N2	기존의 2급과 거의 비슷한 수준이다.
N3	기존의 2급과 3급 사이의 수준이다.(신설 됨)★
N4	기존의 3급과 거의 비슷한 수준이다.
N5	기존의 4급과 거의 비슷한 수준이다.

❸ 기존 시험에서는 1급의 경우 400점 만점에 70% 이상 즉, 280점 이상이면 합격이었지만 새로운 시험에서는 각 과목당 기준점수가 있어 이것에 미달하면 총득점이 높아도 합격할 수 없는 과락제도가 도입되었다.

❹ 매회 다른 난이도로 말미암아 발생하는 형평성 문제를 해결하기 위한 대책이 마련된다.
예를 들어 7월 시험은 쉬웠고, 12월 시험이 어려웠다고 한다면 12월에 시험을 친 수험생이 점수가 낮게 나올 가능성이 커진다. 이러한 문제를 보완하기 위한 대책이다.

❺ 일본어를 실생활에서 얼마나 적용할 수 있나 ?
새로워진 시험에서는 합격한 사람이 각 레벨별로 일상생활에서 일본어를 사용(말하기, 듣기, 읽기, 쓰기)해서 구체적으로 어떤 것을 할 수 있는지에 대한 기준을 제공할 예정이다.
예를 들어 N2에 합격한 자는 일본드라마를 볼 때 배우들의 대사를 무리 없이 이해할 수 있으며(듣기), 일본인 친구들과 어려움 없이 메일을 주고받고(쓰기), 최신유행에 관한 잡지 기사를 읽고 내용을 파악할 수 있으며(읽기), 회사 면접 등에서 면접관 질문에 대해 정확하게 대답할 수 있다(말하기)는 것과 같이 실례를 보여주는 것이다.

레벨	시험과목 (시험시간)		
N1	언어지식 (문자 / 어휘・문법)・독해 (110분)		청해 (60분)
N2	언어지식 (문자 / 어휘・문법)・독해 (105분)		청해 (50분)
N3	언어지식 (문자 / 어휘) (30분)	언어지식 (문법)・독해 (70분)	청해 (40분)
N4	언어지식 (문자 / 어휘) (30분)	언어지식 (문법)・독해 (60분)	청해 (35분)
N5	언어지식 (문자 / 어휘) (25분)	언어지식 (문법)・독해 (50분)	청해 (30분)

3. 시험점수

레 벨	배점구분	득점범위
N1	언어지식(문자・어휘・문법)	0 ~ 60
	독해	0 ~ 60
	청해	0 ~ 60
	종합배점	0 ~ 180
N2	언어지식(문자・어휘・문법)	0 ~ 60
	독해	0 ~ 60
	청해	0 ~ 60
	종합배점	0 ~ 180
N3	언어지식(문자・어휘・문법)	0 ~ 60
	독해	0 ~ 60
	청해	0 ~ 60
	종합배점	0 ~ 180
N4	언어지식(문자 어휘 문법)・독해	0 ~ 120
	청해	0 ~ 60
	종합배점	0 ~ 180
N5	언어지식(문자 어휘 문법)・독해	0 ~ 120
	청해	0 ~ 60
	종합배점	0 ~ 180

각 레벨의 인정 기준은 아래와 같다 . 인정 기준을 「읽기」 「듣기」 라고 하는 언어 행동으로 나타내고 있다 . 각각의 레벨에는 이러한 언어 행동을 실현하기 위한 언어지식이 필요하다 .

레벨	인정 기준
N1	**폭넓은 장면에서 사용되는 일본어를 이해할 수 있다.** 읽기 – 폭넓은 화제에 대해 쓰여진 신문의 논설, 평론 등, 논리적으로 약간 복잡한 문장이나 추상도가 높은 문장 등을 읽고 문장의 구성이나 내용을 이해할 수 있다. 　　　– 다양한 화제의 깊이 있는 읽을거리를 읽고 이야기의 흐름이나 상세한 표현의도를 이해할 수 있다. 듣기 – 일상적인 장면에서 자연스러운 속도의 회화나 뉴스, 강의를 듣고 이야기의 흐름이나 내용, 등장인물의 관계나 내용의 논리 구성 등을 상세하게 이해하거나 요지를 파악할 수 있다.
N2	**일상적인 장면에서 사용되는 일본어의 이해와 더불어 보다 폭넓은 장면에서 사용되는 일본어를 어느 정도 이해할 수 있다.** 읽기 – 폭넓은 화제에 대해 쓰여진 신문이나 잡지의 기사, 해설, 평이한 평론 등, 논지가 명쾌한 문장을 읽고 문장의 내용을 이해할 수 있다. 　　　– 일반적인 화제에 대한 읽을거리를 읽고, 이야기의 흐름이나 표현의도를 이해할 수 있다. 듣기 – 일상적인 장면과 더불어 폭넓은 장면에서 자연스러운 속도의 정리된 회화나 뉴스를 듣고, 이야기의 흐름이나 내용, 등장인물의 관계를 이해하고 요지를 파악할 수 있다.
N3	**일상적인 장면에서 사용되는 일본어를 어느 정도 이해할 수 있다.** 읽기 – 일상적인 화제에 대해 쓰여진 구체적인 내용을 나타내는 문장을 읽고 이해할 수 있다. 　　　– 신문의 표제 등에서 정보의 내용을 파악할 수 있다. 　　　– 일상적인 장면에서 접하는 난이도가 약간 높은 문장은 유의 표현이 주어지면 요지를 이해 할 수 있다. 듣기 – 일상적인 장면에서 조금 느린 속도의 정리된 회화를 듣고, 이야기의 구체적인 내용 및 등장인물의 관계 등을 거의 이해할 수 있다.
N4	**기본적인 일본어를 이해할 수 있다.** 읽기 – 기본적인 어휘나 한자로 쓰여진, 일상생활에서도 친밀한 화제의 문장을 읽고 이해 할 수 있다. 듣기 – 일상적인 장면에서 천천히 이야기하는 회화라면 내용을 거의 이해할 수 있다.
N5	**기본적인 일본어를 어느 정도 이해할 수 있다.** 읽기 – 히라가나와 가타카나, 일상에 이용되는 기본적인 한자로 쓰여진 정형적인 어구나 문장 등을 읽고 이해할 수 있다. 듣기 – 교실이나 신변 등, 일상생활 중에서도 자주 부딪치는 장면에서 느리고 짧은 회화라면 필요한 정보를 알아들을 수 있다.

 종합득점과 각 파트별 기준점 두 가지 영역에서 합격 여부 판정이 실시된다. 기준점이란, 각 파트별 적어도 이 이상은 필요하다라고 하는 득점으로 파트별 득점이 하나라도 기준점에 이르지 못하면, 종합득점이 아무리 높아도 불합격이다. 흔히들 알고 있는 과락제도가 되는 셈이다. 각 파트별 기준점을 두는 것은 학습자의 일본어 능력을 종합적으로 평가하려는 의미라 하겠다.

〈 2010년 일본어 능력시험의 합격 / 불합격 판정기준 〉

레벨	합격점	기준점		
		언어지식	독해	청해
N1	100	19	19	19
N2	90	19	19	19
N3	95	19	19	19
N4	90	38		19
N5	80	38		19

 **1교시 독해 대비 요령**

　신 일본어 시험에서는 독해가 합격의 당락을 좌우한다고 해도 과언이 아니다. 새롭게 바뀐 시험문제의 특징을 한마디로 말하자면, 독해지문의 어떤 특정한 어휘를 알아야만 풀리는 문제는 전혀 없다는 것이다. 따라서 독해를 할 때는, 필자가 전체적으로 무엇을 말하려고 하는가를 중점적으로 파악해 가며 공부해야 할 것이다. 물론 기본적인 어휘능력이 없으면 독해 자체가 되지 않기 때문에, 독해를 위한 한자습득은 필수적이다. 그리고 한자는 문자/어휘 파트를 위한 것이기도 하기에 여러모로 도움이 될 것이다. 정리를 해 보자. 단문/중문/장문할 것 없이, 전체적인 개념을 이해하면서 독해를 하자. 그리고 정답이 되는 보기는 본문의 어휘를 (문장을) 다른 어휘로 (문장으로) 바꾼 것뿐인 것을 명심하자. 독해 지문 속에 정답이 있으니, 본문의 내용을 면밀하게 해석하는 것이 키포인트가 될 것이다.

1교시

독해

독해

실전
모의테스트

読解

1 교시

독해

1. 전체 개요

총 문제의 종류는 4종류이다. 단문, 중문, 장문, 정보검색으로 구성되어 있다. 일반적으로 일본어 능력시험을 준비하는 학생들이 가장 어렵게 생각하는 것 중의 하나가 독해이다. 그러나 저자는 독해가 가장 쉬운 파트라고 말하고 싶다. 왜냐하면, 독해는 정답에 해당되는 부분이 독해의 지문에 친절히 나와 있기 때문이다. 이 말은 독해의 내용을 잘 이해하면 정답을 쉽게 찾을 수 있다는 말인데, 그럼 여기서 학습자들은 어떤 식으로 독해를 접근해야 하고, 어떤 식으로 대비를 하면 좋을 것인가 라는 의문이 들 것이다. 한마디로 대답을 하겠다. 신 일본어능력시험은 지문에서 필자가 무엇을 말하고자 하는가만 정확하게 알면, 거의 90%이상의 문제가 풀린다는 것이다. 따라서 학습자들은 지문의 부분적인 해석이나 어려운 단어에 얽매이지 말고, 필자가 말하고자 하는 것이나, 결론, 키워드 등을 찾는데 주력을 해야 할 것이다. 이것은 연습을 통해서 손쉽게 얻을 수 있는 것이므로, 본 교재의 내용을 반복해서 학습하여, 전체적인 내용을 이해하도록 하자.

〈독해의 문제 구성〉
독해는 총 16문제가 출제되며, '문자・어휘 / 문법'과 함께 1교시에 본다.
단문에서 정보검색에 이르기까지 다양한 지문이 8개가 출제되며 60점 만점이다.

단문독해 → 중문독해 → 장문독해 → 정보검색 순으로 출제된다.
표로서 한눈에 보면 다음과 같다.

문제의 구성				
	큰 문제		소문항 수	목표
독해	1	내용 이해 (단문)	기존과 동일	4	생활이나 일상사, 설명문, 지시문 등 여러 가지 화제를 포함한 단문을 읽고 내용의 이해를 묻는 문제
	2	내용 이해 (중문)	기존과 동일	6	평이한 내용의 평론, 해설, 에세이 등을 읽고 인과관계나 이유, 개요나 필자의 생각 등을 묻는 문제
	3	주장 이해 (장문)	기존과 동일	4	논리전개가 비교적 명쾌한 논평 등의 문장을 읽고 전체로서 전하려고 하는 주장이나 의견을 파악하고 있는가를 묻는 문제
	4	정보 검색	새로운 유형	2	광고, 팜플렛, 정보지, 비즈니스 문서 등의 정보검색 중에서 필요한 정보를 정확히 알고 있는가를 묻는 문제

2. 각 파트의 유형 및 정답을 찾는 요령

01 단문독해

생활·일이나 직업 등 여러 가지 화제를 중심으로 설명문이나 지시문 등 150~200자 정도
(A4 용지의 4분 1정도의 분량)의 지문을 읽고 그것을 이해하는가에 대한 문제가 출제된다. 지
문은 4개이며, 각 지문별로 1개의 문제가 출제된다.

02 중문독해

총 2개의 지문으로 구성되어 있으며, 각 지문 당 문제가 3문제씩 6문제가 출제된다. N2에 비
해서 비교적 평이한 내용의 평론, 해설, 에세이 등 350자 정도(A4 용지의 2분 1정도의 분량)
의 지문을 읽고, 인과관계나, 이유, 개요나 필자의 생각을 이해하는가에 대한 문제가 출제된
다.

03 장문독해

해설, 에세이, 편지 등 550자 정도의 내용을 읽고, 개요나 논리의 전개 등의 이해, 전체적으로
저자가 전하려고 하는 내용이나 주장, 의견 등을 파악하는가하고 있는가에 대한 문제가 출제
된다. 한 개의 지문에 4문제가 출제된다.

04 정보검색

광고, 팜플렛, 정보지, 비즈니스 문서 등의 정보 소재 중에서 필요한 정보를 찾아내는 문제인
데, 쉽게 말하면, 일상적인 일본생활을 할 때 전단지나 알림문 등이 무엇을 말하고 있는가에
대해서 묻는 문제이다. 광고, 팜플렛, 정보지, 비즈니스 문서 등은 모든 사람에게 전해야 하
는 것이므로 비교적 평이한 문장으로 구성되어 있는 경우가 많다. 한 지문에 2문제가 출제된
다.

문제 4 — 단문

　단문독해는 지문이 짧기 때문에 문제를 푸는데 있어서 시간적인 부담감은 적을 것이다. 독해파트에서 제일 공략하기 쉬운 파트 중의 하나이므로, 한 문제도 놓쳐서는 안 된다. 단문 독해를 풀 때 유의해야 하는 점의 하나가, 질문의 내용을 잘 이해하지 못한다는 것이다. 참고로 일본어 능력시험은 수험들에게 혼란을 초래하는 문제를 제출하여 헷갈리게 만드는 것을 목적으로 하는 것이다. 일본어를 보급하기 위한 시험이므로, 정확하게 정답이 보기에 나와 있는 것이다. 그럼 학습자들이 헷갈리게 생각하는 이유는 뭘까? 그건 바로 수험생 스스로가 느끼는 생각이다. 또, 일부의 학생 중, 4개의 보기 중, 2개가 헷갈리는데, 본인은 항상 오답을 선택한다고 호소한다. 단문은 본문에서의 키워드가 의미하는 내용이나, 필자의 생각, 말하고자 하는 내용 등을 묻는다. 문장이 짧으므로, 본문을 차분히 읽으면서 필자가 어떠한 내용을 말하고 있는가를 파악하도록 하자. 본문에서 반복되는 어휘는 체크하는 것이 좋다. 그 어휘가 바로 필자가 말하고자 하는 것의 키워드이기 때문이다.

예

　田中さんは来年、仕事を引退する。近頃彼は、もう仕事をしなくてもよい自分の時間をどう過ごすかを考えていた。田中さんは家の近くの土地を買って、それを野菜畑に変えることにした。またもっと運動ができるようにランニング・クラブに参加するつもりだ。

1　最近、田中さんは何をしているのか。
① 会社を立てて新しい仕事をしようとしている。
② 引退後の計画を立てている。
③ 庭に野菜を植えている。
④ 友だちと近所を走っている。

다나카 씨는 내년에 일을 은퇴한다. 요즘 그는 이제 일을 하지 않아도 되는 자신의 시간을 어떻게 보낼 것인가를 생각하고 있다. 다나카 씨는 집 근처의 땅을 사서, 그것을 채소밭으로 바꾸기로 했다. 또 더욱 운동할 수 있도록 러닝클럽에 참가할 생각이다.

1 최근, 다나카 씨는 무엇을 하고 있는가?

❶ 회사를 세워서 새로운 일을 하려고 하고 있다.

❷ 은퇴후의 계획을 세우고 있다.

❸ 마당에 채소를 심고 있다.

❹ 친구와 근처를 달리고 있다.

정답 ❷

어휘 来年 내년 　仕事 일 　引退 은퇴 　近頃 요즘, 요 근래 　時間 시간 　過ごす 보내다 　考える 생각하다
近く 근처 　土地 토지 　買う 사다 　野菜畑 채소밭 　変える 바꾸다
～ことにする ~하기로 하다 　運動 운동 　参加 참가 　会社 회사 　立てる 세우다
新しい 새롭다 　計画 계획 　庭 마당, 정원 　植える 심다 　近所 이웃, 근처

해설 단문 독해는 문장이 짧기 때문에, 필자가 말하고자 하는 바를 정확히 알면 문제를 풀기는 어렵지 않다. 문제를 풀 때, 학습자의 심증(본인의 생각)만으로 풀면, 오답을 찾기가 쉽다. 따라서 학습자의 생각을 접어두고 본문에 있는 내용으로, 즉 물증으로 정답을 찾아야 한다. 지문의 첫 번째 문장에서 '田中씨가 은퇴하는 것'을 알 수 있고, 두 번째 문장에서 그 후 어떻게 시간을 보낼 것인가를 생각하고 있는 것을 알 수 있다. 그 이후의 계획내용은, 마지막 부분「近くの土地を買って、それを野菜畑に変えることにした」「ランニング・クラブに参加するつもりだ」에 나와 있다. 보기 3번과 4번은 본문의 내용과 비슷하게 만든 것뿐이므로, 함정에 걸리지 않도록 주의해야 한다.

문제 5   **중문**

형식상으로는 독해가, 단문·중문·장문으로 나뉘어져 있지만, 결국 단문 독해를 정확하게 이해하는 학습자라면, 단문의 연장선상에 있는 것이 중문이므로, 이 파트 역시 어렵지 않게 문제를 풀 수 있을 것이다. 중문독해는, 지시어와 키워드의 의미를 찾는 문제, 필자의 생각을 묻는 문제, 그리고 밑줄 친 문장이나 단어의 의미를 찾는 문제가 출제된다. 여기에 밑줄 친 문장이나 단어는, 필자가 말하는 키워드를 나타낸다. 밑줄 친 문장이나 단어가 본문에서 가지는 의미를 묻는 문제가 출제되는 것은 아니고, 필자의 생각이나 결론을 묻는 문제라는 것이다. 특히, 밑줄과 관련된 문제는 독해 파트에서는 기본적으로 거의 매번 출제되는 문제이고 전체 문제의 50% 이상을 차지한다. 밑줄 친 문제의 정답은 거의 전후 문장에 90%이상 정답이 있다는 것이다. 그러므로 밑줄 앞뒤의 문장을 정확하게 이해를 하면 정답을 쉽게 찾을 수 있을 것이다. 그럼 구체적으로 어떤 식으로 문제를 풀어야 할지 알아보도록 하자.

예

アメリカ人は以前よりも多くの大豆·大豆製品を消費するようになっています。大豆はビタミン、たんぱく質を多く含み、コレステロールなしの食品です。アメリカ人は、豆腐や大豆から作ったホットドッグやハンバーガー、豆乳、枝豆といった形で大豆を食べます。

レストランのメニューに枝豆がのっていたり、食料品店やコンビニエンスストアで枝豆を見かけることもめずらしくありません。枝豆はおいしく健康的なスナックです。ベジタリアン（注1）の人々は、豆乳から作られた豆腐や、豆全体を使って作られたテンペ（注2）をおいしい肉の代用品として使います。しょうゆは、調理や食卓での味つけに使われています。

アメリカ人はしばしばそれと知らずに大豆を食べていることもあります。大豆オイルや大豆脂や、アイスクリームやキャンディなどアメリカ人が好んで食べる製品を固めたり、たんぱく質を加えたりするために使われているのです。大豆はとても健康的な食品ですが、こうした製品に使われている種類の大豆は、必ずしも身体によいというわけではありません。

（注1）ベジタリアン：植物性食品を中心にとる人々のこと

（注2）テンペ：インドネシアの伝統的な大豆料理

1 本文によると、アメリカ人がよく食べるものは何か。

❶ 大豆でできている食品
❷ コレステロールがない食品なら何でも
❸ たんぱく質をたくさん含んだコレステロール食品
❹ コレステロールが入っている食品

2 アメリカで、めずらしくないのはどれか。

❶ 食料品店で枝豆を作っていること
❷ レストランでお客さまに枝豆をすすめること
❸ コンビニで枝豆が売られていること
❹ 健康のために枝豆を肉の代わりに食べていること

3 アメリカは大豆をどう食べているか。

❶ 大豆が、体にいいかどうかを調べてから食べるようにしている。
❷ 大豆の種類に関係なく、大豆の入っている食品なら何でも食べる。
❸ 大豆が入ってない食品はいくらおいしくても全然食べようとしない。
❹ いろんな食品の中に大豆が入っていることを知らずに食べていることもある。

독해

실전
모의테스트

　미국인은 이전보다도 많은 콩·콩제품을 소비하게 되었습니다. 콩은 비타민, 단백질을 많이 함유하고, 콜레스테롤이 없는 식품입니다. 미국인은 두부나 콩으로 만든 핫도그나 햄버거, 두유, 풋콩이라는 형태로 콩을 먹습니다.

　레스토랑 메뉴에 풋콩이 있거나, 식료품점이나 편의점에서 풋콩을 발견하는 것도 신기하지 않습니다. 풋콩은 맛있고 건강한 스낵입니다. 채식주의자들은, 두유에서 만들어진 두부나 콩 전체를 사용해서 만들어진 템뻬를 맛있는 고기 대용품으로서 사용합니다. 간장은 조리나 식탁에서 양념으로 사용되어지고 있습니다.

　미국인은 가끔 알게 모르게 콩을 먹고 있는 경우도 있습니다. 콩오일이나 콩기름, 아이스크림이나 캔디 등 미국인이 즐겨먹는 제품을 단단히 하거나 단백질을 더하거나 하기 위해서 사용되어지고 있습니다. 콩은 매우 건강한 식품입니다만, 이러한 제품에 사용되어지고 있는 종류의 콩은 반드시 몸에 좋은 것은 아닙니다.

1　본문에 의하면, 미국인이 자주 먹는 것은 무엇인가?
❶ 콩으로 만들어져 있는 식품
❷ 콜레스테롤이 없는 식품이라면 뭐든지
❸ 단백질을 많이 포함한 콜레스테롤식품
❹ 콜레스테롤이 들어있는 식품

해설 중문독해나 장문독해는 한 단락에 한 문제씩 출제된다는 것을 알아두자. 1번 문제는 본

문에 바탕을 둔 문제이므로, 첫 번째 단락에서 정답을 찾으면 된다. 본문의 「大豆・大豆
製品を消費するようになっています」에서 미국인은 콩 제품을 잘 먹는다는 것을 알 수
있다. 그리고, 콩의 특징은 「たんぱく質を多く含み、コレステロールなしの食品です」
이므로, 보기 2, 3, 4는 정답이 될 수 없다.

2　미국에서, 신기하지 않은 것은 어느 것인가?
　❶ 식료품점에서 풋콩을 만들고 있는 것
　❷ 레스토랑에서 손님에게 풋콩을 권유하는 것
　❸ 편의점에서 풋콩이 팔리고 있는 것
　❹ 건강을 위해 풋콩을 고기 대신에 먹고 있는 것

해설　본문에서 「めずらしくない」라는 표현이 들어있는 문장의 전후 문장을 살펴보면 정답을
　　　찾을 수 있다. 「食料品店やコンビニエンスストアで枝豆を見かけることもめずらし
　　　くありません」에서 미국에서는 풋콩을 식료품점에서 쉽게 구할 수 있다는 것을 알 수
　　　있다. 하지만, 식료품점에서 풋콩을 만들거나, 레스토랑에서 손님에게 권유하는 것은 아
　　　니므로 보기 1, 2번은 정답이 될 수 없다. 본문에서 정답이 되는 내용을 찾았더라도 보기
　　　의 내용을 정확히 해석하지 않으면 정답을 찾기가 어렵다는 것을 명심하자.

3　미국인은 콩을 어떻게 먹고 있는가?
　❶ 콩이 몸에 좋은지 나쁜지를 알아보고 나서 먹도록 하고 있다.
　❷ 콩의 종류와 관계없이 콩이 들어간 식품이라면 뭐든지 먹는다.
　❸ 콩이 들어가지 않은 식품은 아무리 맛있어도 전혀 먹으려고 하지 않는다.
　❹ 여러 식품 중에서 콩이 들어간 것을 모르고 먹는 경우도 있다.

해설　정답이 되는 본문의 내용을 살펴보자. 「アメリカ人はしばしばそれと知らずに大豆を
　　　食べていることもあります」에 나와 있다. 즉, 미국인들은 어떤 식품을 먹을 때, 그 내
　　　용물 중 콩이 들어갔다는 사실을 모르고 먹고 있다는 것이다. 두 번째 문장에서 그에 대
　　　한 예가 나와 있다. 항상 문제의 정답은 본문에 있다는 것을 염두에 두고, 본문의 내용을
　　　잘 살펴서, 본문 내용과 같은 의미의 보기를 찾는 훈련을 많이 하도록 하자.

정답　1. ❶　　2. ❸　　3. ❹

어휘　以前 이전　多くの 많은　大豆 콩, 대두　製品 제품　消費 소비　たんぱく質 단백질
　　　含む 포함하다, 함유하다　食品 식품　豆腐 두부　作る 만들다　豆乳 두유　枝豆 가지 째 꺾은 풋콩,
　　　또는 그것을 꼬투리 째 삶은 것　形 형태　食料品店 식료품점　見かける 발견하다
　　　めずらしい 신기하다　健康的な 건강한　ベジタリアン 채식주의자　豆 콩　全体 전체
　　　使う 사용하다　肉 고기　代用品 대용품　しょうゆ 간장　調理 조리　食卓 식탁　味つけ 맛을 냄
　　　しばしば 가끔　それと知らず 알게 모르게　大豆脂 콩기름　好む 좋아하다, 즐기다
　　　固める 단단히 하다　加える 더하다　必ずしも 반드시　身体 신체　〜わけではない 〜것(셈)
　　　은 아니다　すすめる 권유하다　調べる 조사하다, 알아보다　種類 종류　関係 관계

　N3에서의 장문독해는 지문의 길이에 비해 문제 수가 적다. 그 만큼 문제를 푸는데 있어서 시간은 많이 걸리지만, 점수 배점은 적기 때문에 문제를 푸는 요령을 알지 못하면 좋은 점수를 받을 수 없다. 질문의 유형은 주로, 밑줄 선의 문제와 필자가 이 문장에서 가장 말하고 싶은 것, 즉 필자의 생각을 묻는 것이다. 밑줄 선의 문제의 특징은, 항상 밑줄 선의 전후 두 문장에 정답이 있다는 것이다. 그 전후 두 문장에 있는 단어를 다른 표현으로해서 보기에 제시한 것뿐이므로 정답과 관련된 문장을 찾아서 보기의 내용과 비교하면 정답을 수월하게 찾을 수 있을 것이다. 여기서 주의해야 할 점은, 밑줄 선의 앞 문장에 정답이 있는지, 뒷 문장에 정답이 있는지를 빨리 찾는 것이다. 왜냐하면, 만일 앞 문장에 정답이 있다고 판단될 경우에는 굳이 뒤에 오는 문장을 읽지 않아도 되기 때문이다. 밑줄 선 문장의 특징 중 하나는, 정답과 관련된 문장의 비슷한 보기가 한 두개 정도 나오고, 정답과 관련이 없는, 즉 밑줄 선 뒷 문장의 내용이 보기에 항상 둘 이상 나온다. 따라서 충분한 연습을 통해서 밑줄 선 앞의 문장이 정답인지, 뒤의 문장이 정답인지를 먼저 알아두어야 할 것이다. 그리고 필자의 생각이나 결론, 말하고자 하는 내용을 찾는 문제는 아주 간단하게 정답을 찾을 수 있다. 모든 형식의 문장은, 「**나는 이렇게 생각한다. 왜냐하면, A→B→C라는 이유 때문이다**」와 「**A→B→C라는 이유 때문에 나는 이렇게 생각을 한다(결론을 내린다)**」라는 형식으로 구성되어 있다. 즉, 첫 단락의 두 문장이나, 마지막 단락의 두 문장에서 필자의 생각이나 결론이 나와 있기 때문에 문제를 푸는데 충분한 시간적인 여유가 없는 학습자는 앞 단락과 마지막 단락으로도 정답을 찾을 수가 있을 것이다. 항상 장문 독해 문제를 풀 때는 문제를 푸는 방법을 염두에 두고 임하도록 하자. 다음의 예제는 실제 시험보다는 지문은 짧지만 문제를 푸는 요령을 익히기 위한 것이므로 문제의 길이보다는 문제를 푸는 스킬을 공부한다는 마음으로 풀어보도록 하자.

예

　電車やバスにブラブラ揺れる吊り革 (注1)。使われていない時のあの寂しく揺れる姿が僕は好きだ。乗客に完璧に無視され、設置位置からは一歩も動く事も許されず、ただただ揺れてる姿。昼間の①<u>ガランとした</u>電車の中で子供が遊ぶためにある。でも、通勤ラッシュ時は違う。大勢の人々に力強くにぎられ、強く引っ張られギシギシ (注2) 言いながらも耐える姿は気の毒だ。しかも、きれいな女性にギュッとされるのはとてもうらやましいが、運悪く油っぽくて近づくのを遠慮したいおじさんにつかまれた日には悪夢だ。おじさんは汗ばんだ (注3) 手で吊り革をつかむ。②<u>逃げ出す事も出来ず</u>、されるがまま。そして、おじさんから解放された時のなんとも言えない表情を僕は忘れることができない。

吊り革にとっての幸せってなんだろうか。きれいなお姉さんに捕まれる事か、子供に遊ばれる事か、背の高い人の障害物になる事か背中に広告をつけられる事か、何もなくゆらゆら揺れてる事だろうか。分からない。他人の気持ちさえ分からないのに吊り革の気持ちが分かってたまるか。分からないけど好き。分からないから好き。

　何も吊り革だけの話じゃないような気もする。いつも同じ場所でいつもだまっているものが、ボクは大好きなんだ。

(注1)吊り革：電車やバスで、立っている客がからだを支えるためにつかまるもの
(注2)ギシギシ：堅い物がぶつかる時に出る音
(注3)汗ばむ：汗がたくさん出る

1　「①ガランとした」とあるが、何を言っているのか。

❶ 退勤する人々でとても混雑している。
❷ 電車に乗っている人があまりいない。
❸ 大勢の人が座らずに立っている。
❹ よく知らない原因で故障した。

2　「②逃げ出す事も出来ず」とあるが、それはなぜか。

❶ 逃げる必要を感じてないから
❷ 逃げようと思っていないから
❸ つかまる人の力が強いから
❹ いつも決められた位置にあるから

3　筆者は吊り革の幸せについてなんと言っているか。

❶ 自分がきらいなタイプの人でなければだれが自分をつかんでも幸せを感じている。
❷ 人に役に立つことができるからどんなときでも、どんなことがあっても幸せを感じている。
❸ 吊り革がどんなことを考えているかはっきり知らないから吊り革の幸せもよく分からない。
❹ 出勤の時、自分の好きな人が自分をつかんでくれるととても幸せだと思っているらしい。

4 これを書いた人は吊り革についてどう思っているか。

❶ ただのものにすぎないが、いつもの場所に、いつもあるのがとても
気に入っている。

❷ いつも人にやられてばかりいる姿は気に入らないが、それを我慢し
ているのがとても好きである。

❸ 人に迷惑ばかりかけているが、自分なりに努力して人の役に立とう
とする姿が好きである。

❹ 子供でも大人でも、好きな人なら誰の役にでも立とうとする姿にす
ごく感動させられた。

전철이나 버스에 흔들거리며 매달려 있는 손잡이. 사용되지 않을 때의 그 쓸쓸하게 흔들거리는 모습을 나는 좋아한다. 승객에게 완전히 무시당해, 설치된 위치에서 한 걸음도 움직이는 것이 허락되지 않은, 단지 흔들리고 있는 모습. 낮의 ①텅 빈 전철 안에서 아이들이 놀기 위해서 존재한다. 하지만 통근 러시아워 때는 다르다. 많은 사람들에게 힘껏 붙잡혀, 강하게 잡아당겨지면서 삐걱거리면서도 참는 모습을 보면 딱하다. 게다가 예쁜 여성에게 가볍게 잡혀지는 것은 아주 부럽지만, 운 나쁘게 개기름이 철철 넘쳐서, 다가오는 것을 사양하고 싶은 아저씨에게 붙잡힌 날에는 악몽이다. 아저씨는 땀으로 흠뻑 배인 손으로 손잡이를 잡는다. ②도망갈 수도 없고, 그냥 당하기만 한다. 그리고 아저씨로부터 해방되었을 때의 뭐라고도 할 수 없는 표정을 나는 잊을 수가 없다.

손잡이에 있어서 행복이란 무엇일까? 예쁜 여성에게 붙잡히는 것일까, 아이들의 놀이도구로 사용되어질 때일까, 키가 큰 사람의 장애물이 될 때일까, 등에 광고가 붙여졌을 때일까, 아무 일 없이 흔들거리고 있을 때일까, 모르겠다. 다른 사람의 마음조차 모르는데 손잡이의 마음을 어떻게 알 수 있겠는가? 모르겠지만 좋아한다. 모르니까 좋다.

유독 손잡이만의 이야기는 아닌 듯한 느낌도 든다. 항상 같은 장소에서 항상 침묵하고 있는 것을, 나는 아주 좋아한다.

1 ①텅 빈이라는 데, 무엇을 의미하는가?

❶ 퇴근하는 사람들도 매우 혼잡하다.
❷ 전철을 타고 있는 사람이 별로 없다.
❸ 많은 사람이 앉지 않고 서 있다.
❹ 잘 모르는 원인으로 고장났다.

해설 밑줄 문제의 정답은 항상 전후 두 문장에 있다는 것을 알아두자. 우선 N3 학습자들은 「ガランとした」라는 단어의 의미를 모를 것이다. 그럼 이 단어의 의미를 유추할 수 있는 문장을 전후 두 문장에서 찾아야 하는데, 밑줄 그 다음 문장에 있는 「子供が遊ぶためにある。でも、通勤ラッシュ時は違う」에서, 아이들이 손잡이를 가지고 놀 수 있고, 통근 러시아워와는 다르다는 것에서 전철을 타고 있는 사람이 별로 없다는 것을 알 수 있을 것이다. 이처럼, 모르는 단어나 문장이 나오더라도 당황하지 말고, 전후 문장을 살펴보면 대략적인 의미를 알 수 있을 것이다.

2 ②<u>도망갈 수도 없고,</u> 라고 하는데, 그것은 왜일까?
  ❶ 도망갈 필요를 느끼지 않기 때문에
  ❷ 도망가려고 생각하고 있지 않기 때문에
  ❸ 붙잡는 사람의 힘이 강하기 때문에
  ❹ 항상 정해진 위치에 있기 때문에

해설 밑줄 문제 중에서 이유나 원인을 묻는 문제이다. 이런 유형의 문제는, 정답이 명확하게 본문에 나와 있다는 것을 알아야 한다. 필자는 「吊り革(손잡이)」를 의인화하여 설명하고 있다. 만일 학습자 여러분이 「吊り革」라는 단어를 모르더라도, 큰 문제는 없다. 물론 문장의 해석 능력이 뛰어난 학습자인 경우는 느낌으로 「손잡이」라고 해석을 할 수 있을지도 모르지만, 그렇지 않은 학습자가 대부분일 것이다. 따라서, 이런 경우에는, 대충 아무 단어나 넣어서 해석을 하도록 하자. 문제를 푸는데 있어서는 아무런 어려움이 없을 것이다. 정답이 되는 문장은 「設置位置からは一歩も動く事も許されず、ただただ揺れてる姿」에 나와 있고, 그 다음의 문장을 읽어보아도, 「吊り革」가 혼자서 할 수 있는 것은 아무 것도 없다는 것을 알 수 있다.

3 필자는 손잡이의 행복에 대해 무엇이라 말하고 있는가?
  ❶ 자신이 싫어하는 타입의 사람이 아니라면 누가 자신을 잡더라도 행복을 느낀다.
  ❷ 다른 이의 도움이 되어 줄 수 있으므로 언제 무슨 일이 있더라도 행복을 느낀다.
  ❸ 손잡이가 어떤 것을 생각하고 있는지 모르므로 손잡이의 행복 또한 알 수 없다.
  ❹ 출근 시, 자신이 좋아하는 사람이 자신을 잡아준다면 매우 행복할 거라고 생각하는 것 같다.

해설 이 문제의 유형은 단락에 있는 내용을 묻는 문제이다. 밑줄 선 문제는 항상 그 단락에 정답과 관련된 내용이 나와 있으므로, 그 단락에서 정답을 찾으면 된다. 하지만, 이런 유형의 문제는, 밑줄 선이 없는 단락에서 문제가 출제되므로(항상 장문독해는 한 단락에서 한 문제가 출제) 밑줄이 없는 그 단락을 읽으면 정답을 찾을 수 있다. 「他人の気持ちさえ分からないのに吊り革の気持ちが分かってたまるか」에 정답을 알 수가 있을 것이다. 만일 「〜てたまるか」라는 표현을 잘 모른다고 하더라도, 문장의 흐름에서 「吊り革」가 느끼는 행복한 마음이 무엇인지 잘 알 수 없다는 것을 필자가 느끼고 있다고 파악이 될 것이다.

4 이것을 쓴 사람은 손잡이에 대해서 어떻게 생각하고 있는가?
  ❶ 단지 사물에 지나지 않지만, 평소의 자리에 항상 있는 것이 매우 마음에 든다.
  ❷ 항상 사람에게 당하기만 하는 모습은 마음에 들지 않지만, 그것을 참고 있는 것이 매우 좋다.
  ❸ 남에게 폐만 끼치고 있지만, 자기 나름대로 노력해서 남에게 도움이 되려고 하는 모습이 좋다.
  ❹ 아이라도 어른이라도, 좋아하는 사람이라면, 누구에게라도 도움이 되려고 하는 모습에 엄청 감동 받았다.

해설 결론을 묻는 문제이다. 물론 구체적으로 필자가 생각하는 바가 무엇인가에 대한 직접적인 언급이 없는 문제이지만, 이 문장의 포인트가 되는「吊り革」에 대한 필자의 생각을 물었기 때문에 결론(혹은 필자의 생각)을 묻는 문제가 되는 것이다. 이 문장은 전형적인 귀납법(A→B→C라는 이유 때문에 나는 이렇게 생각을 한다)의 방식으로 문장을 구성하였다. 즉, 필자의 생각은「何も吊り革だけの話じゃないような気もする。」에 명확하게 나와 있으므로, 이 문장을 잘 이해하면 정답을 찾을 수 있을 것이다.

정답 1. ❷　2. ❹　3. ❸　4. ❶

어휘 電車 전철　ブラブラ 흔들흔들　揺れる 흔들리다　吊り革 손잡이　使う 사용하다
寂しい 외롭다　僕 나　好きだ 좋아하다　乗客 승객　完璧 완벽　無視 무시　設置 설치
位置 위치　一歩 한 걸음　動く 움직이다　許す 용서・허락하다　ただ 단지　昼間 낮
ガランとした 텅 빈　通勤 통근　違う 다르다　大勢 많은 사람　力強く 힘껏　握る 쥐다
引っ張る 잡아당기다　ギシギシ 삐걱삐걱　耐える 참다　姿 모습　うらやましい 부럽다
運悪い 운이 나쁘다　油 기름　～っぽい 어떤 경향이 짙다　近づく 다가오다　遠慮 사양
おっさん (= おじさん) 아저씨　捕まれる 붙잡히다　日 날　悪夢 악몽　汗ばむ 땀이 배다
逃げ出す 도망가다　出来る 할 수 있다　されるがまま 당하는 채로　解放 해방
なんとも 뭐라고도　表情 표정　忘れる 잊다　～にとって ~에 있어서　幸せ 행복
お姉さん 아가씨　子供 아이　遊ぶ 놀다　背の高い 키가 크다　障害物 장애물　背中 등
広告 광고　ゆらゆら 흔들흔들　他人 타인　気持ち 마음　～さえ ~조차
～てたまるか 절대 ~하지 못하다　何も 유독　話 이야기　気がする 기분이 들다
場所 장소　だまる 침묵하다

문제 7 정보 검색

　일본에서 생활하면, 많은 게시판이나 문서, 광고판 등을 볼 수 있을 것이다. 그래서 신일본어 능력시험에서는 이러한 것들을 얼마나 정확하게 이해하는가에 대한 문제를 정보 검색이라는 이름으로 출제한 것이다. 어떤 물건을 사용하는데 있어서의 사용설명서, 공공기관의 안내문, 아파트 등에서의 알림, 광고판, 사원모집, 백화점의 세일 안내 등을 보고, 그러한 것들이 어떤 의미를 가지고 있으며, 무엇을 알리려고 하는가 등에 관한 문제가 출제된다. 이 파트 역시 높은 수준의 어휘로 문장이 구성되어 있는 것이 아니고, 비교적 평이한 문장으로 구성되어 있다. 먼저 문제의 질문 내용을 파악하고, 거기에 맞추어서 지문을 해석하도록 하자. 문제의 내용과 맞는 부분을 반드시 체크하고, 보기의 내용과 일치하는 부분과 일치하지 않는 부분을 표시하면서 문제를 풀어나가면 조금이나마 문제를 푸는데 시간을 단축할 수 있을 것이다.

예

　みぎのページは、クラスで英語と韓国語を学ぶ人を募集するための案内である。下の質問に答えなさい。答えは、1・2・3・4から最もよいものを一つえらびなさい。

　エリカさんは、区役所で英語を勉強したいと考えています。できれば韓国語も勉強したいと思っています。

　エリカさんの仕事は9時から6時までで、お休みは毎週火曜日と土曜日です。

1　エリカさんが、とることのできるクラスはどれか。

　❶（1）と（6）
　❷（2）と（5）
　❸（2）と（6）
　❹（3）と（5）

2　エリカさんは、何月何日までに申し込まなければならないか。

　❶ 7月2日
　❷ 7月5日
　❸ 7月8日
　❹ 12月5日

住民のみなさん、英語と韓国語を勉強しませんか

◆ 場所　　　　区役所
◆ 先生　　　　大学で英語と韓国語を教えている先生
◆ 申込方法　　6月15日から7月2日までの間に、申込書にお名前とご住所など、必要なことを書いて、区役所に出してください。申込書は、区役所においてあります。
◆ 説明会　　　7月5日(日)の午前10時から区役所で、説明会をいたします。
◆ 期間　　　　レッスンは7月8日(水)から〜 12月5日(土)
◆ 費用　　　　授業料は無料ですがテキスト代だけ払ってください。
◆ 時間割

クラス名	曜日	午前 (10:00〜11:30)	午後 (14:00〜15:30)	夜 (19:00〜20:30)
(1) 英語会話(A)	月		○	
(2) 英語会話(B)	火			○
(3) 英語文法(A)	水		○	
(4) 英語文法(B)	木	○		
(5) 韓国語会話	金		○	
(6) 韓国語文法	土		○	

오른 쪽 페이지는, 클래스에서 영어와 한국어를 배우는 사람을 모집하기 위한 안내이다. 아래의 질문에 답하세요. 답은 1·2·3·4에서 가장 적당한 하나 고르세요.

　에리카 씨는 구청에서 영어 공부를 하고 싶다고 생각하고 있습니다. 가능하면 한국어도 공부하고 싶다고 생각하고 있습니다.
　에리카 씨의 일은 9시부터 6시까지이고, 쉬는 날은 매주 화요일과 토요일입니다.

1　에리카 씨가, 들을 수 있는 클래스는 어느 것인가?
　❶ (1)과(6)
　❷ (2)와(5)
　❸ (2)와(6)
　❹ (3)과(5)

해설 우선 에리카 씨의 조건에 맞추어서 각각의 보기를 알아보도록 하자.
　　(1) 英語会話(A) → 시간과 휴일이 맞지 않음
　　(2) 英語会話(B) → 휴일이므로 시간과 관계 없음

(3) 英語文法(A) → 시간과 휴일이 맞지 않음

(4) 英語文法(B) → 시간과 휴일이 맞지 않음

(5) 韓国語会話 → 시간과 휴일이 맞지 않음

(6) 韓国語文法 → 휴일이므로 시간과 관계 없음

2 에리카 씨는 몇 월 몇 일까지 신청하지 않으면 안 되는가?
   ❶ 7月 2日
   ❷ 7月 5日
   ❸ 7月 8日
   ❹ 12月 5日

해설 「申込方法…6月 15日から 7月 2日」에 정확하게 신청날짜가 나와 있다.

2. 7월 5일은 설명회가 있는 날

3. 7월 8일은 수업을 시작하는 날

4. 12월 5일은 수업이 끝나는 날

정답 1. ❸   2. ❶

주민 여러분, 영어와 한국어를 공부하지 않겠습니까?

- 장소   구청
- 선생님   대학에서 영어와 한국어를 가르치고 있는 선생님
- 신청방법   6월 15일부터 7월 2일까지 사이에, 신청서에 성함, 주소 등, 필요한 것을 쓰고 구청에 제출해 주세요. 신청서는 구청에 놓여져 있습니다.
- 설명회   7월 5일(일) 오전 10시부터 구청에서 설명회를 하겠습니다.
- 기간   레슨은 7월 8일(수)부터 ~ 12월 5일(화)
- 비용   수업료는 무료이지만 교재비는 지불해 주세요.

- 시간표

클래스 명	요일	오전 (10:00 ~ 11:30)	오후 (14:00 ~ 15:30)	저녁 (19:00 ~ 20:30)
(1) 영어회화(A)	월		○	
(2) 영어회화(B)	화			○
(3) 영어문법(A)	수		○	
(4) 영어문법(B)	목	○		
(5) 한국어회화	금		○	
(6) 한국어문법	토		○	

어휘 文章 문장　英語 영어　募集 모집　案内 안내　区役所 구청　勉強 공부　考える 생각하다
韓国語 한국어　仕事 일　お休み 휴일　毎週 매주　火曜日 화요일　土曜日 토요일　住民 주민
場所 장소　先生 선생님　大学 대학　教える 가르치다　申込 신청　方法 방법　間 사이
申込書 신청서　名前 성함　住所 주소　必要 필요　書く 쓰다　出す 내다　おく 두다
説明会 설명회　いたす 「する(하다)」의 겸양어　期間 기간　費用 비용　授業料 수업료
無料 무료　～代 ~대금　払う 지불하다　時間割 시간표　午前 오전　午後 오후　夜 저녁
会話 회화　文法 문법

필수문형 주관식 해석 연습

간단한 문장이지만, 기본적인 문형을 알지 못하면 아무리 독해를 하는 능력이나 문제를 푸는 스킬이 뛰어나더라도 정답을 찾을 수 없다. 우선은 단문으로 구성된 간단한 문장을, 문장 구조를 이해하면서 해석해 보는 연습을 해보도록 하자. 어휘도 중요하므로 반드시 암기하도록 하자. 기본이 되지 않으면 절대 독해를 할 수 없다는 것을 명심하도록 하자.

1. 山田さんがどんな人かはっきり分かりません。
(　　　　　　　　　　　　　　　　　　　　　　　　　　　　　　　)

2. 店の雰囲気がいいから料理が高いかもしれません。
(　　　　　　　　　　　　　　　　　　　　　　　　　　　　　　　)

3. 私は大学を卒業してからずっとこの会社に勤めています。
(　　　　　　　　　　　　　　　　　　　　　　　　　　　　　　　)

4. やり方を間違えると失敗してしまいます。
(　　　　　　　　　　　　　　　　　　　　　　　　　　　　　　　)

5. 新宿までは1時間あれば行けます。
(　　　　　　　　　　　　　　　　　　　　　　　　　　　　　　　)

6. 家の前に大きいスーパーや銀行ができてとても嬉しいです。
(　　　　　　　　　　　　　　　　　　　　　　　　　　　　　　　)

7. 一万円以上お買い上げのお客さまにはすてきなプレゼントを差し上げます。
(　　　　　　　　　　　　　　　　　　　　　　　　　　　　　　　)

8. 昨日のことをみんなに話したら絶対許さないよ。
(　　　　　　　　　　　　　　　　　　　　　　　　　　　　　　　)

9. みなさんに会える日を楽しみにしています。
(　　　　　　　　　　　　　　　　　　　　　　　　　　　　　　　)

10. みんなやりたがらないので私がすることになりました。
(　　　　　　　　　　　　　　　　　　　　　　　　　　　　　　　)

11. その荷物は私がお持ちしますので心配しないでください。
(　　　　　　　　　　　　　　　　　　　　　　　　　　　　　　　)

12. 山田さんはとても親切で、まじめだから人気があります。
(　　　　　　　　　　　　　　　　　　　　　　　　　　　　　　　)

독해

실전
모의테스트

13. 室内ではいけませんが、ここはたばこを吸ってもかまいません。
(   )

14. すべてのことをあなたに任せますから、がんばってください。
(   )

15. 私の家の向こうにとても大きな映画館ができました。
(   )

16. お金はそんなにかかりませんが、時間がすごくかかります。
(   )

17. かぜを引いたときは、仕事をしないで休んだほうがいいです。
(   )

18. 外国に行ったつもりで、そのお金を銀行に預けました。
(   )

19. 会社の仲間とお酒を飲みに行くんですがよかったら一緒にどうですか。
(   )

20. 高くなければ買いたいけど、お金がまったくない。
(   )

21. 私の先生は近所に住んでいます。
(   )

22. 毎年12月に雪まつりが行われます。
(   )

23. いつも飲み屋に寄っていっぱい飲んでから家に帰ります。
(   )

24. 山田さんはテニスだけではなく、ピンポンも上手だそうです。
(   )

25. 彼は英語が専攻なので、通訳と翻訳の仕事をしています。
(   )

26. 昨日はひさしぶりに友だちと映画に行きました。
(   )

27. 来月から課長になることに決まったのでとても嬉しいです。
(   )

28. 教授はいつごろお帰りですか。
(   )

29. このレストランは値段が高いながらも、味はとても良いです。
(   )

독해

실전
모의테스트

30. 休みの日には友だちに会ったり、スポーツをしたりします。
(   )

31. お酒を初めて飲んだのですぐ酔ってしまいました。
(   )

32. さっきみんなと昼ご飯を食べたのでお腹がいっぱいです。
(   )

33. 友だちは働きすぎて倒れてしまいました。
(   )

34. 先週買ったかばんを、けさ電車の中で無くしてしまいました。
(   )

35. お酒はきらいですが、たばこは大好きです。
(   )

36. 春になって山のあちこちに花が咲き始めました。
(   )

37. 先生の話によると、この図書館は10年前は博物館だったそうです。
（　　　　　　　　　　　　　　　　　　　　　　　　　　　　　　　）

38. 彼はとても難しい数学の問題を解いたので有名になりました。
（　　　　　　　　　　　　　　　　　　　　　　　　　　　　　　　）

39. 彼女は他の人よりピアノが上手です。
（　　　　　　　　　　　　　　　　　　　　　　　　　　　　　　　）

40. 課長がいらっしゃったら私に電話していただけるようにお伝えください。
（　　　　　　　　　　　　　　　　　　　　　　　　　　　　　　　）

41. １２月になって天気がとても寒くなりました。
（　　　　　　　　　　　　　　　　　　　　　　　　　　　　　　　）

42. 来週のパーティーに友だちを連れてきてもいいですよ。
（　　　　　　　　　　　　　　　　　　　　　　　　　　　　　　　）

43. 誕生日に父親から新しい自転車をもらいました。
（　　　　　　　　　　　　　　　　　　　　　　　　　　　　　　　）

44. 友だちから旅行の話を聞いて、急に私も行きたくなりました。
（　　　　　　　　　　　　　　　　　　　　　　　　　　　　　　　）

45. みんなラーメンをおいしそうに食べていた。
（　　　　　　　　　　　　　　　　　　　　　　　　　　　　　　　）

46. 明日までに宿題をしなければなりません。
（　　　　　　　　　　　　　　　　　　　　　　　　　　　　　　　）

47. 先生の説明を聞いてから納得しました。
（　　　　　　　　　　　　　　　　　　　　　　　　　　　　　　　）

48. 上記保証条件が適用されますのでご了承下さい。
（　　　　　　　　　　　　　　　　　　　　　　　　　　　　　　　）

49. あ、山田さん、ひさしぶり。どうしたの？
(   )

50. どうしてあんな簡単なことが分からなかったのか、今も疑問です。
(   )

51. いつするかまだ決まっていませんが、来週までは決めます。
(   )

52. うちの会社の杉本さんは男らしくて女性社員に人気があります。
(   )

53. もうこんな時間だから、父は帰ってこないかもしれません。
(   )

54. ここにあるものは自由に食べてください。
(   )

55. わからない問題がありましたがせんぱいが親切に教えてくれました。
(   )

56. 山田さんは、とても来たがっていたからきっと来ると思いますよ。
(   )

57. 3回遅刻したらこの会をやめなければなりません。
(   )

58. コンピューターが故障したので友だちに直してもらいました。
(   )

59. お金に困っている友だちに10万円貸してあげました。
(   )

60. 自分のために一ヶ月に1さつぐらいは本を読んだほうがいいです。
(   )

61. 友だちが重い荷物を持ってくれて助かりました。
(   )

62. 先週のテストは簡単ではなかったので、みんな点はよくありませんでした。
(   )

63. 彼からお金を借りましたが、返すことができなくて困っています。
(   )

64. 友だちに勧められて映画を見ましたが、あまりおもしろくありませんでした。
(   )

65. 任せられる人は○○君しかいないんだ。よろしく頼むよ。
(   )

66. 大きいテーブルにあるものはお客さま用です。
(   )

67. 全然おいしくない料理でしたが、みんなちゃんと食べてくれました。
(   )

68. こんなに寒いのに、どうしてコートを着てないんですか。
(   )

69. 両親は会社を辞めて田舎に住んでいます。
(   )

70. 杉本さんは日本の歴史について知らないことがないようだ。
(   )

71. 彼は話すのが早すぎて何を言っているのかさっぱり分かりません。
(   )

72. 山田さんという方がさっき訪ねていらっしゃいました。
(   )

73. 秘密にしていたことをみんな知っていたのでびっくりした。
(   )

74. あの兄弟は顔も性格も本当によく似ています。
(   )

75. おもしろい番組があったのに、試験のために見られなかったのでくやしかった。
(   )

76. 大学生にとっては簡単すぎる問題だったので、みんな100点をとった。
(   )

77. 仕事が終わったらみんなでご飯を食べに行きませんか。
(   )

78. 授業はもう始まっていたので静かに教室に入りました。
(   )

79. 窓の外で大きな音がしたので見てみたが、何もなかった。
(   )

80. 先生がおっしゃったことは全部書いておきました。
(   )

81. 弟はいつもめがねをかけたまま寝ます。
(   )

82. どんなに忙しくても電話1本ぐらいかける時間はあるでしょう。
(   )

83. オリンピックで優勝した選手を迎えるためにたくさんの人が空港に来ました。
(   )

84. 私の意見にみんな反対したが、杉本さんだけが賛成してくれた。
(   )

85. 今回の失敗は私の責任だったので、会社を辞めた。
(　　　　　　　　　　　　　　　　　　　　　　　　　　　)

86. この道を真っ直ぐ行くと大きな橋があります。
(　　　　　　　　　　　　　　　　　　　　　　　　　　　)

87. 昨日アクション映画を見ましたが、思ったよりつまらなかったです。
(　　　　　　　　　　　　　　　　　　　　　　　　　　　)

88. 橋本さんは親切そうに見えるが、話してみたらそうでもなかった。
(　　　　　　　　　　　　　　　　　　　　　　　　　　　)

89. 明日登山に行くかどうかは天気によります。
(　　　　　　　　　　　　　　　　　　　　　　　　　　　)

90. 自分のノートなら見てもかまいませんが、教科書を見るのはだめです。
(　　　　　　　　　　　　　　　　　　　　　　　　　　　)

91. ここは空気もきれいだし、静かなので住みやすいです。
(　　　　　　　　　　　　　　　　　　　　　　　　　　　)

92. 悲しい映画とおもしろい映画とどちらが好きですか。
(　　　　　　　　　　　　　　　　　　　　　　　　　　　)

93. どういうわけか知らないが、部長は怖い顔をしていた。
(　　　　　　　　　　　　　　　　　　　　　　　　　　　)

94. 来月から東京で働くことになってうれしくてたまりません。
(　　　　　　　　　　　　　　　　　　　　　　　　　　　)

95. 試験があるので毎日３時間も寝ずに勉強しています。
(　　　　　　　　　　　　　　　　　　　　　　　　　　　)

96. 健康のため、毎朝１時間ずつ運動することにしました。
(　　　　　　　　　　　　　　　　　　　　　　　　　　　)

97. みんな知っていることをあなただけが知らないはずがない。
(   )

98. いくらたくさんお金があってもむだに使ってはいけません。
(   )

99. 英語の宿題はもうできたが、数学の宿題はまだまだです。
(   )

100. 新入社員が入ってきたので、みんなで飲みに行くことにしました。
(   )

독해

실전
모의테스트

1. 야마다 씨가 어떤 사람인지 확실히 모르겠습니다.

はっきり 확실히　分かる 알다

2. 가게 분위기가 좋기 때문에 요리가 비쌀지도 모릅니다.

店 가게　雰囲気 분위기　料理 요리　高い 비싸다

3. 나는 대학을 졸업하고 나서 계속 이 회사에서 근무하고 있습니다.

大学 대학　卒業 졸업　会社 회사　勤める 근무하다

4. 하는 방법을 잘못하면 실패해 버립니다.

やり方 하는 방법　間違える 틀리다　失敗 실패

5. 신주쿠까지는 1시간 있으면(이면) 갈 수 있습니다.

時間 시간　行ける 갈 수 있다

6. 집 앞에 큰 슈퍼와 은행이 생겨서 매우 기쁩니다.

銀行 은행　できる 생기다　嬉しい 기쁘다

7. 만 엔 이상 쇼핑하신 손님에게는 멋진 선물을 드리겠습니다.

一万円 만 엔　以上 이상　お買い上げ 쇼핑　お客さま 손님　差し上げる 「あげる (주다)」의 겸양어

8. 어제 일을 모두에게 이야기하면 절대 용서하지 않겠다.

昨日 어제　絶対 절대　許す 용서하다

9. 여러분을 만날 수 있는 날을 기대하고 있습니다.

会う 만나다　日 날　楽しみ 기대, 낙, 즐거움

10. 모두가 하고 싶어하지 않기 때문에 제가 하게 되었습니다.

～ことになる ～하게 되다

11. 그 짐은 제가 들 테니 걱정하지 말아주세요.

荷物 짐　持つ 들다　お＋동사ます형＋する 겸양표현　心配 걱정

12. 야마다 씨는 매우 친절하고 성실하기 때문에 인기가 있습니다.

親切 친절　まじめだ 성실하다　人気 인기

13. 실내에서는 안 됩니다만, 여기는 담배를 피워도 상관없습니다.

室内 실내　吸う 피다　～てもかまわない ～해도 상관없다

14. 모든 것을 당신에게 맡길 테니까 열심히 해 주세요.

任せる 맡기다

15. 우리 집 건너편에 매우 큰 영화관이 생겼습니다.

家 집　向こう 건너편　映画館 영화관

16. 돈은 그렇게 들지 않습니다만, 시간이 엄청 걸립니다.

かかる 들다, 걸리다　時間 시간

17. 감기 들었을 때는 일을 하지말고 쉬는 편이 좋습니다.

かぜを引く 감기 들다　仕事 일　休む 쉬다

18. 외국에 간 셈치고, 그 돈을 은행에 맡겼습니다.

外国 외국　동사과거형 + つもりで ~한 셈치고　銀行 은행　預ける 맡기다

19. 회사 동료와 술을 마시러 갑니다만, 괜찮다면 함께 하시죠.

会社 회사　仲間 동료　お酒を飲む 술을 마시다　동사ます형 + に ~하러

20. 비싸지 않으면 사고 싶지만 돈이 전혀 없다.

高い 비싸다　買う 사다　まったく 전혀

21. 우리 선생님은 이웃에 살고 있습니다.

近所 이웃, 근처　~に住む ~에서 살다

22. 매년 12월에 눈축제가 행해집니다.

毎年 매년　雪まつり 눈축제　行う 행하다

23. 항상 술집에 들러서 한잔 마시고 집에 돌아갑니다.

飲み屋 술집　寄る 들르다　飲む 마시다　帰る 돌아가다

24. 야마다 씨는 테니스뿐만 아니라 탁구도 잘한다고 합니다.

~だけではなく ~뿐만 아니라　上手だ 잘하다

25. 그는 영어가 전공이기 때문에 통역과 번역 일을 하고 있습니다.

英語 영어　専攻 전공　通訳 통역　翻訳 번역　仕事 일

26. 어제는 오랜만에 친구와 영화를 보러 갔습니다.

昨日 어제　ひさしぶりに 오랜만에　映画 영화

27. 다음 달부터 과장으로 되는 것이 정해졌기 때문에 매우 기쁩니다.

来月 다음달　課長 과장　決まる 정해지다　嬉しい 기쁘다

28. 교수님은 언제쯤 돌아오십니까?

教授 교수　帰る 돌아가다　お + 동사ます형 + です 존경표현

29. 이 레스토랑은 가격은 비싸지만 맛은 매우 좋습니다.
値段 가격　高い 비싸다　～ながらも ～이지만, ～인데도

30. 쉬는 날에는 친구를 만나거나 스포츠를 하거나 합니다.
休みの日 쉬는 날　友だち 친구　会う 만나다

31. 술을 처음 마셨기 때문에 바로 취해버렸습니다.
お酒 술　初めて 경험상의 처음　酔う 취하다

32. 조금 전 모두와 점심밥을 먹었기 때문에 배가 부릅니다.
昼ご飯 점심밥　お腹 배

33. 친구는 지나치게 일해서 쓰러졌습니다.
働く 일하다　동사ます형＋すぎる 지나치게 ～하다　倒れる 쓰러지다

34. 지난 주 샀던 가방을 오늘 아침, 전철 안에서 잃어버렸습니다.
先週 지난 주　買う 사다　電車 전철　無くす 잃어버리다

35. 술은 싫어합니다만, 담배는 매우 좋아합니다.
お酒 술　きらいだ 싫어하다　大好きだ 아주 좋아하다

36. 봄이 되어 산의 여기저기에 꽃이 피기 시작했습니다.
春 봄　山 산　花 꽃　咲き始める 피기 시작하다

37. 선생님의 이야기에 의하면 이 도서관은 10년 전은 박물관이었다고 합니다.
～によると ～에 의하면　図書館 도서관　～年前 ～년 전　博物館 박물관

38. 그는 매우 어려운 수학문제를 풀었기 때문에 유명해졌습니다.
難しい 어렵다　数学 수학　問題 문제　解く 풀다　有名だ 유명하다

39. 그녀는 다른 사람보다 피아노를 잘 칩니다.
他 다른　上手だ 잘 하다

40. 과장님이 오시면 저한테 전화하도록 전해주세요.
課長 과장　いらっしゃる 行く (가다) / 来る (오다)의 존경어　電話 전화

41. 12월이 되어 날씨가 매우 추워졌습니다.
天気 날씨　寒い 춥다

42. 다음 주 파티에 친구를 데리고 와도 좋아요.
来週 다음 주　連れてくる 데리고 오다

43. 생일에 아버지로부터 새 자전거를 받았습니다.
誕生日 생일　父親 아버지　新しい 새롭다　自転車 자전거

44. 친구로부터 여행 이야기를 듣고 갑자기 나도 가고 싶어졌습니다.
旅行 여행　聞く 듣다　急に 갑자기

45. 모두 라면을 맛있는 듯이(먹음직스럽게) 먹고 있었다.
형용사어간 + そうだ ~한 것 같다

46. 내일까지 숙제를 해야만 합니다.
明日 내일　宿題 숙제　~なければならない ~해야만 한다

47. 선생님의 설명을 듣고 나서 납득했습니다.
説明 설명　聞く 듣다　~てから ~하고 나서　納得 납득

48. 상기 보증 조건이 적용되므로 양해해주십시오.
上記 상기　保証 보증　了承 양해

49. 아, 야마다 씨, 오랜만이야. 어떻게 된 거야?
どうしたの 어찌된 일이야, 왠 일이야, 무슨 일이야

50. 왜 저런 쉬운 문제를 몰랐던 것인지 지금도 의문입니다.
簡単だ 간단하다　分かる 알다　疑問 의문

51. 언제 할지 아직 정해지지 않았지만, 다음 주까지는 정하겠습니다.
決まる 정해지다　来週 다음주　決める 정하다

52. 우리 회사의 스기모토 씨는 남자다워서 여성사원에게 인기가 있습니다.
会社 회사　명사 + らしい ~답다　女性 여성　社員 사원　人気 인기

53. 이미 시간이 이렇게 되었기 때문에 아버지는 돌아오지 않을지도 모릅니다.
時間 시간　父 아버지　帰る 돌아오다

54. 여기에 있는 것은 자유롭게 먹어주세요.
自由に 자유롭게

55. 모르는 문제가 있었지만 선배가 친절하게 가르쳐 주었습니다.
問題 문제　せんぱい 선배　親切だ 친절하다　教える 가르치다

56. 야마다 씨는 무척 오고 싶어했기 때문에 틀림없이 올 거라고 생각합니다.
来る 오다　きっと 틀림없이

실전
모의테스트

57. 3번 지각하면, 이 모임을 그만두어야 합니다.
~回 ~번　遅刻 지각　会 모임　やめる 그만두다

58. 컴퓨터가 고장나서 친구에게 수리를 받았습니다.
故障する 고장나다　直す 고치다　~てもらう ~해 받다

59. 돈 때문에 곤란해하는 있는 친구에게 10만 엔 빌려 주었습니다.
困る 곤란하다　貸す 빌려주다

60. 자신을 위해서 한 달에 한 권 정도는 책을 읽는 편이 좋습니다.
~のために ~을 위해서　一ヶ月 한 달　本 책　読む 읽다　~たほうがいい ~하는 편이 좋다

61. 친구가 무거운 짐을 들어 주어서 도움이 되었습니다.
重い 무겁다　荷物 짐　持つ 들다　助かる 도움이 되다

62. 지난 주의 테스트는 간단하지 않았기 때문에 모두 점수가 좋지 않았습니다.
先週 지난 주　簡単だ 간단하다　点 점수

63. 그에게 돈을 빌렸지만 갚을 수가 없어서 난처합니다.
借りる 빌리다　返す 갚다, 돌려주다　困る 곤란하다, 난처하다

64. 친구에게 추천 받아 영화를 봤지만, 별로 재미없었습니다.
勧める 추천하다　映画 영화

65. 맡길 수 있는 사람은 ○○군 밖에 없어. 잘 부탁해.
任せる 맡기다　頼む 부탁하다

66. 큰 테이블에 있는 것은 손님용입니다.
お客さま用 손님용

67. 전혀 맛이 없는 요리였지만, 모두 잘 먹어주었습니다.
全然 전혀　料理 요리　~てくれる ~해 주다

68. 이렇게 추운데 왜 코트를 입지 않습니까?
寒い 춥다　형용사종지형 + のに ~임에도 불구하고　着る 입다

69. 부모님은 회사를 그만두고 시골에 살고 있습니다.
両親 부모님　会社 회사　辞める 그만두다　田舎 시골　住む 살다

70. 스기모토 씨는 일본의 역사에 대해서 모르는 것이 없는 것 같다.
歴史 역사　~について ~에 대해서　知る 알다

71. 그는 말하는 것이 너무 빨라서 무엇을 말하고 있는지 전혀 모르겠습니다.
早い 빠르다　형용사어간 + すぎる 지나치게 ~하다　さっぱり 전혀　分かる 알다

72. 야마다 씨라는 분이 조금 전에 방문하셨습니다.
~という ~라고 하는　方 분　訪ねる 방문하다

73. 비밀로 했던 것을 모두 알고 있어서 깜짝 놀랐다.
秘密 비밀　知る 알다　びっくりする 깜짝 놀라다

74. 저 형제는 얼굴도 성격도 정말로 많이 닮았습니다.
兄弟 형제　顔 얼굴　性格 성격　本当に 정말로　似る 닮다

75. 재미있는 프로그램이 있었는데, 시험 때문에 볼 수 없었기 때문에 분했다.
番組 프로그램　試験 시험　くやしい 억울하다, 분하다

76. 대학생에게 있어서는 너무 간단한 문제였기 때문에 모두 100점을 받았다.
大学生 대학생　~にとって ~에 있어서　簡単だ 간단하다
형용동사어간 + すぎる 지나치게 ~하다　点 점　とる 받다

77. 일이 끝나면 다같이 밥을 먹으러 가지 않겠습니까?
仕事 일　終わる 끝나다　ご飯 밥　동사ます형 + に ~하러

78. 수업은 이미 시작되었기 때문에 조용히 교실에 들어갔습니다.
授業 수업　始まる 시작되다　静かだ 조용하다　教室 교실　入る 들어가다

79. 창 밖에서 큰 소리가 나서 봤는데 아무 것도 없었다.
窓 창　外 밖　音がする 소리가 나다　何も 아무 것도

80. 선생님이 말씀하셨던 것은 전부 노트에 써 두었습니다.
おっしゃる「言う」(말하다)의 존경어　全部 전부　書く 쓰다　~ておく ~해 두다

81. 남동생은 항상 안경을 쓴 채로 잡니다.
弟 남동생　めがね 안경　동사과거형 + まま ~채로　寝る 자다

82. 아무리 바빠도 전화 1통정도 걸 시간은 있겠죠.
どんなに~ても 아무리 ~해도　忙しい 바쁘다　電話 전화

83. 올림픽에서 우승한 선수를 맞이하기 위해서 많은 사람이 공항에 왔습니다.
優勝 우승　選手 선수　迎える 맞이하다, 환영하다　空港 공항

독해

실전
모의테스트

84. 나의 의견에 모두 반대했지만, 스기모토 씨만이 찬성해 주었다.
意見 의견　反対 반대　賛成 찬성

85. 이번 실패는 저의 책임이었기 때문에 회사를 그만두었다.
今回 이번　失敗 실패　責任 책임　会社 회사　辞める 그만두다

86. 이 길을 똑바로 가면 큰 다리가 있습니다.
道 길　真っ直ぐ 똑바로　橋 다리

87. 어제 액션영화를 봤지만, 생각했던 것보다 시시했습니다.
昨日 어제　映画 영화　つまらない 시시하다

88. 하시모토 씨는 친절한 듯이 보이지만 이야기를 해보았더니 그렇지도 않았다.
親切だ 친절하다　형용동사어간 + そうだ ~인 것 같다

89. 내일 등산을 갈지 어떨지는 날씨에 달려있습니다.
明日 내일　登山 등산　~かどうか ~할지 말지　天気 날씨　~による ~에 의하다

90. 자신의 노트라면 보아도 상관없습니다만, 교과서를 보는 것은 안 됩니다.
~てもかまわない ~해도 상관없다　教科書 교과서

91. 이곳은 공기도 깨끗하고, 조용하기 때문에 살기 편합니다.
空気 공기　静かだ 조용하다　住む 살다　동사ます형 + やすい ~하기 쉽다, ~하기 편하다

92. 슬픈 영화와 재미있는 영화 중, 어느 쪽을 좋아합니까?
悲しい 슬프다　映画 영화　…と~とどちらが …와 ~중 어느 쪽을

93. 어떤 이유인지 모르겠지만, 부장님은 무서운 표정을 짓고 있었다.
わけ 이유　知る 알다　部長 부장　怖い 무섭다　顔をする 표정을 짓다

94. 다음 달부터 도쿄에서 일하게 되어서 매우 기쁩니다.
来月 다음 달　働く 일하다　~てたまらない 매우 ~하다, ~해서 견딜 수 없다

95. 시험이 있기 때문에 매일 3시간도 자지 않고 공부하고 있습니다.
試験 시험　寝る 자다　~ずに = ~ないで ~하지 않고　勉強 공부

96. 건강을 위해서 매일아침 1시간 씩 운동하기로 했습니다.
健康 건강　~のため ~을 위해　毎朝 매일아침　運動 운동　~ことにする ~하기로 하다

97. 모두 알고 있는 것을 당신만이 모를 리가 없다.
知る 알다　~はずがない ~일 리가 없다

98. 아무리 많은 돈이 있어도 헛되이 사용해서는 안 됩니다.

いくら〜ても 아무리 〜라도 むだだ 헛되다 使う 사용하다

99. 영어 숙제는 이미 끝났습니다만, 수학 숙제는 아직입니다.

英語 영어 宿題 숙제 数学 수학

100. 신입사원이 들어왔기 때문에 모두 술을 마시러 가기로 했습니다.

新入社員 신입사원 入る 들어오다 飲む 마시다 동사ます형 + に 〜하러

〜ことにする 〜하기로 하다

독해문을 통한 문형분석 및 문장구조

 N3수준의 학습자들이 독해를 할 때 가장 어려워하는 것 중의 하나를 현장강의에서 질문을 하면, 어휘는 스스로 공부를 하면 해결될 수 있지만, 문장의 구조와 연결방법은 스스로 공부를 해도 상당히 까다롭고, 이해가 어렵다고 한다. 따라서 이러한 문장구조와 문장의 연결방법을 공부하기 위해서 실제 시험에서 출제될 법한 독해 문장으로 한 개씩 차분히 분석을 해보자. 두 개의 독해 지문으로 문장의 구조와 연결고리를 분석하다보면, 한자음독만 정확히 알 수 있으면, 독해에서 어떤 문장이 출제되더라도 해석을 하는데는 무리가 없을 것이다. 우선, 정확한 해석이 되어야만 문제를 푸는 요령이나 스킬을 활용할 수 있다는 것을 학습자 여러분들은 반드시 알아두어야 할 것이다.

(1)

　人間の生活は、自然との戦いから始まったといわれている。戦いといっても、はじめは、自然のきびしさからどのように身を守るかということであった。そのために、人間は住まいを作った。気候や風土に対する工夫は、建築の大切な要素となったのである。

　昔、北極圏の人々は、冬になると、雪の固まりを四角に**切り**、おわんを伏せたような形に積み上げて家を作っていた。寒い土地で雪の家**とは**不思議に思われるかもしれないが、雪は、木や石よりずっと熱が伝わりにくいものなのである。雪でできているから、火をどんどん燃やすという**わけにはいかな**いが、**わずかな火でも、または体温だけでも、熱が外へ逃げなければ、そのうちに、部屋の中が暖まるというわけである。

　次に、暑い地方ではどうだったのだろうか。南アフリカのある種族は、泥を固め、草で屋根を覆って、家を作っていた。泥の家は、太陽光線を避けるのに都合がよかったからである。

　暑い国でも、東南アジアのように雨の多い所では、泥の家だと、すぐにくずれてしまう。それで、竹や木を組み合わせて風通しのいい家を建てた。また、地面に直接建てずに、地上や水上に支柱を立て、その上に家を作ることもあった。

독해

실전
모의테스트

1. 〜との : ~과(와)의
これは私との戦いです。
이것은 저와의 싸움입니다.

2. 〜といわれている : ~라고 일컬어지고 있다
この川は昔からあったものだといわれている。
이 강은 옛날부터 있었던 것이라고 일컬어지고 있다.

3. 〜といっても : ~라고 해도
けんかといってもただのいたずらみたいなものです。
싸움이라고 해도 단순한 장난 같은 것입니다.

4. どのように : 어떻게
この漢字はどのように読みますか。
이 한자는 어떻게 읽습니까?

5. ～かということ : ~할까(일까, 인가) 라고 하는 것
彼の心配はそれについてどのように説明したらよいかということだった。

그의 걱정은 그것에 대해서 어떻게 설명하면 좋을 것인가 하는 것이었다.

6. ～であった : ~이었다, ~였다
友だちは5年前は英語の先生であった。

친구는 5년 전에는 영어 선생님이었다.

7. ～となった : ~이(가) 되었다
仲の悪かった彼とは今では親しい友だちとなった。

사이가 나빴던 그와는 지금은 친한 친구가 되었다.

8. ～である : ~(이)다
これは教授の私もできない問題である。

이것은 교수인 나도 할 수 없는 문제이다.

9. ～切り : 잘라서(동사의「ます」형은 동사의「て」형과 같은 의미이다)
道を塞いでいる木を切り、視野を確保した。

도로를 막고 있는 나무를 잘라 시야를 확보했다.

10. ～ような : ~같은
子供がおいしく食べている姿を見た母親は自分が食べたような気がした。

아이가 맛있게 먹고 있는 모습을 본 어머니는 자신이 먹은 것 같은 느낌이 들었다.

11. ～とは : ~하다니, ~라니
今となって無理とは、どういうことか。

이제야 와서 무리라니 무슨 경우야?

12. できている : 만들어져 있다
この机はとても丈夫な木でできている。

이 책상은 매우 튼튼한 나무로 만들어져 있다.

13. ～わけにはいかない : ~(일)수는 없다
社長もいらっしゃるから行かないわけにはいかない。

사장님도 오시니까 안 갈 수는 없다.

14. わずかな : 불과 얼마 안 되는
わずかな差でゲームで敗けてしまい、くやしかった。
불과 얼마 안 되는 차이로 게임에 져버려, 억울했다.

15. そのうちに : 그러는 사이, 그러는 동안
一生懸命やりなさい。そのうちに、仕事ができるようになるだろう。
열심히 해라. 그러는 사이 일도 능숙해질 것이다.

16. 〜というわけである : 〜라는 것(셈)이다
日本に10年も住んでいたから日本語ができるというわけである。
일본에 10년이나 살았기 때문에 일본어를 잘 할 수 있는 것이다.

17. 〜だったのだろうか : 〜였던(〜이었던) 것일까?
昨日の出来事は一体何だったのだろうか。
어제 일은 도대체 무엇이었던 것일까?

18. ある : 어떤, 어느
ある日、死んだと思っていた彼が現れた。
어느 날, 죽었다고 생각했던 그가 나타났다.

19. 〜のに : 〜하는데
このかばんは持って歩くのにとても便利である。
이 가방은 들고 다니는데 매우 편리하다.

20. 〜ように : 〜같이, 〜처럼
彼のようにテニスが出来る人はいないだろう。
그처럼 테니스를 할 수 있는 사람은 없을 것이다.

21. 〜だと : 〜(이)면
あのお店、店員がもう少し親切だとお客さんがたくさん来るだろうにね。
저 가게, 점원이 조금 더 친절하다면 손님이 많이 올 텐데.

22. 〜ずに : 〜않고(「〜ずに」는「〜ないで (〜하지 않고)」와 같은 의미이다)
遅刻したのか、息子は朝ご飯も食べずに学校へ行った。
지각했는지, 아들은 아침밥도 먹지 않고 학교에 갔다.

23. ～こともあった : ~경우도 있었다

とても有名な教授だったが、漢字を間違えることもあった。

매우 유명한 교수였지만, 한자를 틀리는 경우도 있었다.

인간의 생활은, 자연과의 싸움에서 시작되었다고 **일컬어지고 있다**. 싸움이라고 해도, 처음에는, 자연의 혹독함으로부터 어떻게 몸을 지킬 것인**가 라고 하는** 것이었다. 그 때문에 인간은 집을 만들었다. 기후나 풍토에 대한 고민은, 건축의 중요한 요소**가 되었던 것이었다.**

옛날에, 북극권의 사람들은, 겨울이 되면, 눈덩어리를 사각으로 **잘라**, 밥그릇을 엎힌 것 **같은** 형태로 쌓아 올려서 집을 만들었다. 추운 토지에서 눈의 집**이라니** 불가사의하게 생각되어질지도 모르지만, 눈은, 나무나 돌보다 훨씬 열이 전해지기 어려운 것이다. 눈으로 **만들어져 있기** 때문에, 불을 계속 태울 **수는 없지만, 불과 얼마 안 되는** 불이라도, 또는 체온만으로도 열이 밖에 나가지 않으면, 그러는 사이에, 방안이 따뜻해진**다는 것이다.**

다음으로, 더운 지방에서는 어떠**했을까?** 남아프리카의 **어떤** 종족은, 진흙을 단단히 하고, 풀로 지붕을 덮어서, 집을 만들었다. 진흙으로 만든 집은, 태양광선을 피하는**데** 좋았기 때문이었다.

더운 나라에서도, 동남아시아와 **같이** 비가 많은 곳에서는, 진흙으로 만든 집**이라면**, 바로 무너져 버린다. 그래서, 대나무나 나무를 조합해서 통풍이 좋은 집을 세웠다. 또 지면에 직접 세우지 **않고**, 지상이나 수상에 지주를 세워서, 그 위에 집을 만든 **경우도 있었다.**

어휘 人間 인간　生活 생활　戦い 싸움　始まる 시작되다　はじめは 처음에는　きびしさ 혹독함
身を守る 몸을 지키다　住まい 집, 거주지　作る 만들다　気候 기후　風土 풍토　対する 대하다
工夫 아이디어, 생각　建築 건축　大切だ 중요하다　要素 요소　昔 옛날　北極圏 북극권　冬 겨울
雪 눈　固まり 덩어리　四角 사각　切る 자르다　おわん 밥그릇　伏せる 엎드리다　形 형태
積み上げる 쌓아올리다　寒い 춥다　土地 토지　不思議だ 불가사의하다　木 나무　石 돌　熱 열
伝わる 전해지다　동사ます형＋にくい ~하기 어렵다　火 불　燃やす 태우다　体温 체온　外 밖
逃げる 도망가다　部屋 방　暖まる 따뜻해지다　次に 다음으로　地方 지방　種族 종족　泥 진흙
固める 단단히 하다　草 풀　屋根 지붕　覆う 덮다　太陽 태양　光線 광선　避ける 피하다
都合 사정, 형편　国 나라　東南 동남　雨 비　所 곳　くずれる 무너지다　竹 대나무
組み合わせ 조합　風通し 통풍　建てる 세우다　地面 지면　直接 직접　地上 지상　水上 수상
支柱 지주

(2)

　日本人は時間にとても正確です。子供の時から教えられ**ているからか**、もともとそういう性格だからなのかわかりませんが、とにかく時間に正確なのは確かです。また少しでも**遅れると**、ものすごくイライラするのも日本人の時間**に対する**感覚を表わしているようです。

　以前電車の脱線事故が起こりましたが、あれも時間**に追われた**電車の運転士がスピードを上げて時間に間に合わせ**ようとして**起きた事故です。**なんと**JR西日本では到着時間が少しでも遅れると運転士のお給料をカットしていたと言います。

　その記事を読んでこの時間に対する感覚はちょっと変だと思いました。しかし、電車側だけを責める**ことはできません**。少しでも到着時間が遅れたら、ものすごく怒って抗議をする私たち消費者の態度も問題があると思います。しかし、時間に正確なのは本当はいい**ことなのです**。誰かと約束してもお互い気持ちがいいですし、決まった時間に決まったことをするのは時間を有効に使っている**ことになります**。それに日本人の素晴らしいところは、時間に遅れ**そうになると**必ず事前に相手に伝えることができること。すごく簡単なことの**ようだが**これは海外ではまずない感覚だと思った方がいいでしょう。時間に遅れてきても謝らない、**というのは**別に時間に遅れることが悪い事だ**という**感覚がないからです。

1. ～ているからか : ~하고 있기 때문인지
息子は明日のテストの勉強をし**ているからか**、全然部屋から出なかった。

아들은 내일 있을 테스트 공부를 하고 있기 때문인지, 전혀 방에서 나오지 않았다.

2. 遅れると : 늦으면
学校に10分でも**遅れると**、先生にすごくしかられます。

학교에 10분이라도 늦으면 선생님께 엄청 혼납니다.

3. ～に対する : ~에 대한
彼**に対する**私の気持ちは変わりません。

그에 대한 나의 마음은 변하지 않습니다.

4. ～に追われた : ~에 쫓긴
出発の時間**に追われた**お父さんは顔も洗わずに飛び出していった。

출발시간에 쫓긴 아버지는 세수도 하지 않고 뛰어나갔다.

5. 동사의지형 + として : ~하려고 해서
子供に英語を教えようとして、母親はたくさんの本を買いました。

아이에게 영어를 가르치려고 해서 어머니는 많은 책을 샀습니다.

6. なんと : 놀랍게도
あんなばかなやつが、なんと東京大学に首席で合格したそうだ。

저런 바보 같은 녀석이, 놀랍게도 도쿄대학에 수석으로 합격했다고 한다.

7. ~ことはできません : ~할 수(는) 없습니다
会社の秘密だから誰にも教えることはできません。

회사의 비밀이기 때문에 누구에게도 가르쳐 줄 수 없습니다.

8. ~ことなのです : ~것입니다
この問題を一人で解決するのはとても難しいことなのです。

이 문제를 혼자서 해결하는 것은 매우 어려운 일인 것입니다.

9. ~ことになります : ~하게 됩니다
賛成する人はみんな来週のセミナーに参加することになります。

찬성하는 사람은 모두 다음 주 세미나에 참가하게 됩니다.

10. 동사ます형 + そうになる : ~하게 될 것 같다
あの歌手の歌を聞くと涙が出そうになる。

저 가수의 노래를 들으면 눈물이 나올 것 같다.

11. ~ようだが : ~인 것 같지만
彼女の家は遠いようだが、電車で３０分ぐらいだそうだ。

그녀의 집은 먼 것 같지만, 전철로 30분 정도라고 한다.

12. ~というのは : ~라고 하는 것은
学校に行けないというのは、相当いじめられているということですね。

학교에 갈 수 없다는 것은 상당히 괴롭힘을 받고 있는 것이군요.

13. ~だという : ~라고 하는
この書類がとても大事だというのは知ってますが、内容は知りません。

이 서류가 매우 중요하다는 것은 알고 있습니다만, 내용은 모르겠습니다.

일본인은 시간에 매우 정확합니다.어릴 때부터 가르침을 받고 **있기 때문인지**, 원래 그런 성격인지는 모르겠습니다만, 여하튼 시간에 정확한 것은 확실합니다. 또 조금이라도 **늦으면** 굉장히 안절부절못하는 것도 일본인의 시간**에 대한** 감각을 나타내고 있는 것 같습니다.

이전에 전철의 탈선사고가 일어났습니다만, 그것도 시간**에 쫓긴** 전철 운전사가 스피드를 올려서 시간에 맞**추려고 해서** 일어난 사고입니다. **놀랍게도**, JR서일본에서는 도착시간이 조금이라도 늦으면 운전사의 급료를 깎았다고 합니다.

그 기사를 읽고 이 시간에 대한 감각은 좀 이상하다고 생각했습니다. 그러나 전철 측만을 책망**할 수는 없습니다**. 조금이라도 도착 시간에 늦으면, 엄청 화를 내며 항의를 하는 우리들 소비자의 태도도 문제가 있다고 생각합니다. 그러나 시간에 정확한 것은 사실은 좋은 **것입니다**. 누군가와 약속을 해도 서로 기분이 좋아지고, 정해진 시간에 정해진 일을 하는 것은 시간을 유효하게 사용하**게 됩니다**. 게다가 일본인의 훌륭한 점은, 시간에 늦어질 **것 같으면** 반드시 사전에 상대에게 전하는 것이 가능한 것. 엄청 간단한 것 **같지만**. 이것은 해외에서는 아마 없는 감각이라고 생각하는 편이 좋겠죠. 시간에 늦게 와도 사과를 하지 않는**는 것은**, 딱히 시간에 늦는 것이 나쁜 일**이라고 하는** 감각이 없기 때문입니다.

어휘 日本人 일본인　時間 시간　正確だ 정확하다　子供 아이　教える 가르치다　もともと 원래　性格 성격　とにかく 여하튼　確かだ 확실하다　少しでも 조금 이라도　遅れる 늦다　イライラする 안절부절못하다　感覚 감각　表わす 나타내다　以前 이전　電車 전철　脱線 탈선　事故 사고　起こる 일어나다　追われる 쫓기다　運転士 운전자　上げる 올리다　間に合う 시간이나 양에 맞다　起きる 일어나다　事故 사고　西日本 서일본　到着 도착　給料 급료　記事 기사　読む 읽다　変だ 이상하다　側 측　責める 책망하다　怒る 화를 내다　抗議 항의　消費者 소비자　態度 태도　問題 문제　本当 정말　誰 누구　約束 약속　お互い 서로　気持ちよく 기분 좋게　決まる 정해지다　有効 유효　素晴らしい 멋지다　必ず 반드시　事前 사전　相手 상대방　伝える 전하다　簡単だ 간단하다　海外 해외　まず 아마　謝る 사과하다　別に 딱히　悪い 나쁘다

1. 両親との思い出の写真を地震で無くしてしまいました。
(   )

2. ゴミと大気汚染は地球温暖化の原因であると言われている。
(   )

3. 弟の場合、勉強しているといっても、ただ机の前に座っているだけだ。
(   )

4. 宇宙はどのように生まれたのかについてみんなと話し合った。
(   )

5. 彼の言ったことはすべてがうそであったことを知ってがっかりした。
(   )

6. 社長の命令でも事情によって行かないこともあった。
(   )

7. この映画のモデルとなった場所は日本の北海道です。
(   )

8. 周囲の人に、水道水が危険であることを知らせなさい。
(   )

9. 先輩はただ一言だけ言い、その場を離れてしまった。
(   )

10. 映画のような生活をするのが私の夢です。
(   )

11. あんなことでがっかりするとは、男らしくないよ。
(   )

12. 自動車は金属でできているのでぶつけられるととても危ないです。
(   )

13. けんかの原因は彼にあるのだから私からあやまるわけにはいかない。
(　　　　　　　　　　　　　　　　　　　　　　　　　　　　　　　　　　　　）

14. これをわずかな時間で完成させたと聞いてびっくりしました。
(　　　　　　　　　　　　　　　　　　　　　　　　　　　　　　　　　　　　）

15. 自分の将来のために頑張れば、そのうちに認められるでしょう。
(　　　　　　　　　　　　　　　　　　　　　　　　　　　　　　　　　　　　）

16. 部屋の中で部屋の温度を上げると、チョコレートが溶けてしまうというわけ
　　である。
(　　　　　　　　　　　　　　　　　　　　　　　　　　　　　　　　　　　　）

17. 反省しますと言いながら流した彼の涙は一体何だったのだろうか。
(　　　　　　　　　　　　　　　　　　　　　　　　　　　　　　　　　　　　）

18. 水泳はある程度できるけど、深い海とかでは無理です。
(　　　　　　　　　　　　　　　　　　　　　　　　　　　　　　　　　　　　）

19. 人類は野生の犬をペットにするのに７千年の歴史を経ています。
(　　　　　　　　　　　　　　　　　　　　　　　　　　　　　　　　　　　　）

20. 川の流れのように時間が過ぎてしまって、もう50になった。
(　　　　　　　　　　　　　　　　　　　　　　　　　　　　　　　　　　　　）

21. 彼と同じ色だとまちがえやすいので、違う色にした。
(　　　　　　　　　　　　　　　　　　　　　　　　　　　　　　　　　　　　）

22. 何もやらずにいるより、散歩でもしたほうがいいじゃないですか。
(　　　　　　　　　　　　　　　　　　　　　　　　　　　　　　　　　　　　）

23. 地震に対する備えについて自分なりにまとめました。
(　　　　　　　　　　　　　　　　　　　　　　　　　　　　　　　　　　　　）

24. 小説家がいつも締め切りに追われているのはなぜだろう。
(　　　　　　　　　　　　　　　　　　　　　　　　　　　　　　　　　　　　）

25. 兄が変なお菓子を買ってきては私に食べさせようとしている。
(   )

26. 落ちたと思った会社からなんと、合格の通知が来ていた。
(   )

27. トラックにひかれて死にそうになった。
(   )

28. ３回遅刻すると１回欠席するのと同じことになります。
(   )

29. 理由が説明できないというのはあなたがうそをついたということでしょう。
(   )

30. 大変だというのと難しいというのは似ているようで違う。
(   )

1. 부모님과의 추억 사진을 지진으로 잃어버렸습니다.
両親 부모님　思い出 추억　写真 사진　無くす 잃어버리다

2. 쓰레기와 대기오염은 지구온난화의 원인이라고 일컬어지고 있다.
大気 대기　汚染 오염　地球 지구　温暖化 온난화　原因 원인

3. 남동생의 경우, 공부하고 있다고 해도, 단순히 책상 앞에 앉아 있을 뿐이다.
弟 남동생　場合 경우　勉強 공부　ただ 단지, 단순히　机 책상　座る 앉다

4. 우주는 어떻게 생겨났는가에 대해서 다같이 이야기를 나누었다.
宇宙 우주　生まれる 태어나다　話し合う 대화를 하다

5. 그가 말한 것은 모든 것이 거짓말이었다는 것을 알고 실망했다.
すべて 모든　うそ 거짓말　知る 알다　がっかりする 실망하다

6. 사장님의 명령이라도 사정에 따라 가지 않는 경우도 있었다.
社長 사장　命令 명령　事情 사정　〜によって 〜에 따라

7. 이 영화의 모델이 된 장소는 일본의 홋카이도입니다.
映画 영화　場所 장소　北海道 홋카이도

8. 주변 사람에게 수돗물이 위험하다는 것을 알려라.
周囲 주위　水道水 수돗물　危険 위험　知らせる 알리다

9. 선배는 단지 한마디만 말하고 그 자리를 벗어났다.
先輩 선배　一言 한마디　場 장소, 자리　離れる 벗어나다, 멀어지다

10. 영화 같은 생활을 하는 것이 나의 꿈입니다.
映画 영화　生活 생활　夢 꿈

11. 저런 일로 실망하다니 남자답지 않다.
〜とは 〜하다니　男らしい 남자답다

12. 자동차는 금속으로 만들어져 있기 때문에 부딪히면 매우 위험합니다.
自動車 자동차　金属 금속　ぶつける 부딪히다　危ない 위험하다

13. 싸움의 원인은 그한테 있으니 내 쪽에서 사과할 수는 없다.
けんか 싸움　原因 원인　あやまる 사과하다　〜わけにはいかない 〜할 수는 없다

14. 이것을 불과 얼마 안 되는 시간에 완성시켰다고 들어서 깜짝 놀랐습니다.
わずかな 불과 얼마 안 되는　時間 시간　完成 완성　聞く 듣다　びっくりする 놀라다

15. 자신의 장래를 위해서 열심히 하면, 그러는 사이에 인정 받을 것이다.
将来 장래　頑張る 열심히 하다　認める 인정하다

16. 방안에서 방의 온도를 올리면, 초콜릿이 녹아버린다는 것이다.
部屋 방　温度 온도　上げる 올리다　溶ける 녹다

17. 반성하겠습니다 라고 말하면서 흘린 그의 눈물은 도대체 무엇이었을까?
反省 반성　流す 흘리다　涙 눈물　一体 도대체

18. 수영은 어느 정도 할 수 있지만, 깊은 바다 등에서는 무리입니다.
水泳 수영　程度 정도　深い 깊다　海 바다　無理だ 무리이다

19. 인류는 야생 개를 애완동물로 하는데 7천 년의 역사를 거쳤습니다.
人類 인류　野生 야생　歴史 역사　減る 거치다

20. 강의 흐름처럼 시간이 지나가 버려, 이제 50이 되었다.
川 강　流れ 흐름　過ぎる 지나다

21. 그와 같은 색이라면 헷갈리므로 다른 색으로 했다.
同じ 같음　色 색　間違える 헷갈리다

22. 아무 것도 하지 않고 있는 것보다, 산책이라도 하는 편이 좋지 않겠습니까?
何も 아무 것도　散歩 산책

23. 지진에 대한 대비에 대해서 내 나름대로 정리했습니다.
地震 지진　備え 대비　〜なりに 〜나름대로　まとめる 정리하다

24. 소설가가 항상 마감에 쫓기고 있는 것은 왜일까?
小説家 소설가　締め切り 마감　追われる 쫓기다

25. 형이 이상한 과자를 사 와서는 나에게 먹이려고 하고 있다.
兄 형, 오빠　変だ 이상하다　お菓子 과자　買う 사다

26. 떨어졌다고 생각했던 회사로부터 놀랍게도 합격 통지가 와 있었다.
落ちる 떨어지다　会社 회사　なんと 놀랍게도　合格 합격　通知 통지

27. 트럭에 치여서 죽을 뻔했었다.
ひかれる 치이다　死ぬ 죽다

28. 3번 지각하면 1번 결석하는 것과 같은 것이 됩니다.
回 번　遅刻 지각　欠席 결석

29. 이유를 설명할 수 없다는 것은 당신이 거짓말을 했다는 것이죠.
理由 이유　説明 설명　うそをつく 거짓말을 하다

30. 힘들다는 것과 어렵다고 하는 것은 비슷한 것 같은데 다르다.
大変だ 힘들다　難しい 어렵다　似る 닮다　違う 다르다

1

　先週末、私は家族と車で祖父母の家に行きました。うちの犬のポッチも連れて行くことにしましたが、ポッチは車に乗ることをとても怖がっているので、一緒に来ることができませんでした。それで、仕方なく友だちの田中君に、犬の世話をしてくれるように頼みました。田中君はポッチをとても好きがっているし、田中君の家にもたくさんの犬がいます。早くポッチが車に乗れるようになったらいいですね。

筆者は田中君に何をしてくれるように頼んだか。

❶ 一緒に祖父母の家に行くこと
❷ ポッチを買ってほしいこと
❸ ポッチの世話をしてくれること
❹ ポッチが車に乗れるように手伝ってくれること

②

　もし、会議の途中、社長の言うことが間違っていたらみなさんはどうしますか。社長が言うことだから仕方ないと思ってそのまま聞くべきでしょうか、それともいくら社長と言っても間違っていることはちゃんと指摘したほうがいいでしょうか。どっちがただしいか、私にはそれは分かりません。でも、間違っていることを指摘するのはいいことですが、それをいつどこでやるかによってうまくできるときもあるし、そうじゃないときもあるでしょう。

筆者は社長が間違ったことを言うとき、どうしたらいいと言っているか。

❶ 自分が首になっても間違ったことはちゃんと指摘したほうがいい。
❷ 自分が首になるかもしれないからそのまま聞いたほうがいい。
❸ 時と場所を考えて、いちばんいい時点で一言言ったほうがいい。
❹ どうしたらいいか上の人と相談してから行動したほうがいい。

독해

실전
모의테스트

3

　Ｓさんは部下にめぐまれてない。昨日さんざん悩んだ資料は、どうやら間違っていたらしい。私がきちんと直せればいいんだけど、そこまで勉強したり、調べたりする気力・時間・体力がない。もうちょっと時間が割ければいいのだけど、そこまで時間を割ける状況ではないし、そもそも (注1)、そこまで時間を割くほどお金もらってないんだよな。どうしたものか。

　でもこのままじゃ私が先にノックアウト (注2) されそうなので、そろそろ時間を作っていく方向にしなくちゃいけないのかなぁ。<u>どうしたらよいのかね</u>。

(注1)そもそも : 最初
(注2)ノックアウトされる : たおれてしまう。

<u>どうしたらよいのかね</u>とあるが、どんなことか。

❶ 今の会社を辞めるべきかどうかで悩んでいる。
❷ もらっている給料より仕事が多すぎて悩んでいる。
❸ 仕事のことで悩んでいる。
❹ 仕事の出来ない部下を辞めさせるべきかどうかで悩んでいる。

4

　仕事帰りの信号待ちでのことです。若い女の子が犬の散歩で歩道を歩いていました。歩道と国道の間には雪が１メートル近くの壁になっていますが、信号や横断歩道のある場所は雪が片づけてあるので、歩道の様子が見えるのです。突然犬が中腰 (注1) になりました。するとすぐに女の子は持っていた新聞紙を犬のお尻の下にさっと敷いたのです。その速いこと。犬のウンチは見事新聞紙の上に着地成功。私は感心して (注2) 見入っていました。しかし、私が不思議だと思っていたタイミングが実は少しズレていたようで、女の子はあわてた様子で、指先を雪で洗っていました。

（注1）中腰：腰が半ば下りた、すわりかけたり立ちかけたりした姿勢
（注2）見入る：じっと見つめる。

女の子はどうして指先を雪で洗っていたか。

❶ 雪を触りたがっていたから
❷ みんなが自分のことを見ていたから
❸ 指先に犬のウンチがついたから
❹ 指先が暖かくなったから

독해

실전
모의테스트

5

　お客様は神様と言われることもありますが、いくら客であろうと最低限のマナーやルールは守らなくてはいけません。店員も人間だからお客様が変なことを言ったり無理な要求をするといやになるでしょう。特に飛行機のように、安全が第一である場所では、自由に行動することは許されていません。たくさんの人々が乗っているので、自分の一つの間違った行動で大事故が起きるかもしれないからです。

この文章のテーマとして正しいのはどれか。

❶ 店員との人間関係
❷ お客様の権利
❸ 飛行機の乗り方
❹ 公衆マナー

6

　よろこびと言うのはいろんなことから感じることができますが、私は他人に何かをしてあげることによって幸せを感じます。もちろん、それはお金ではなく、かわいそうな人や大変なことがある人に一言でもやさしく話をかけることなどです。私の一言で、彼らが元気になったり、もういちどやってみようという気になったらとてもうれしいです。自分の一言で世の中を変えることができるかもしれません。

筆者はどこから喜びを得ているか。

❶ かわいそうな人にあたたかい言葉で接すること
❷ かわいそうな人にいつも自分の意見を言うこと
❸ すべての人に話をかけたり話を聞いてあげたりすること
❹ かわいそうな人にお金をやったり話をかけたりすること

독해

실전
모의테스트

7

　ケンジはニュージーランドに友だちがいる。昨日、彼は英語で手紙を書くのに2時間近く使った。英和辞典と和英辞典を使わなくてはならなかった。でもついに書き上げて、彼はとてもうれしかった。彼は近くの郵便局に急いで行って手紙を出し、家に帰った。しかし、とても驚いたことに、彼の机の上には、手紙に入れたと思っていた写真があった。

ケンジは家に帰ったときなぜびっくりしたのか。

❶ 手紙に切手を貼らなかったから
❷ 自分の名前と住所を書き忘れたから
❸ 手紙の中に入れるものを忘れたから
❹ 手紙を書くのに2時間近く使ったから

8

　山田さんの家ではダイニングルームに新しいテーブルを買いました。そのテーブルはとても大きく、12人が一緒に座ることができます。山田さんの家は大家族で友人も親戚も多いです。家族で夕食をとる時はいつもみんなが同じテーブルに座れるようになったので、彼らはとてもよろこんでいます。

山田さんの家は、何のために新しい食卓を買ったのか。

❶ 友人をたくさん作るため
❷ 大家族を持つため
❸ 全員が一緒に座れるようにするため
❹ 全員が夕食をすぐに食べられるようにするため

독해

실전
모의테스트

9

　エリカとカズオは今週末ハイキングに行く計画を立てた。土曜日、エリカはとても早く起きてお弁当を作り、駅へ行った。彼女は1時間そこで待ったが、カズオは現れなかった。それでやっとエリカは自分達が日曜日にハイキングに行く計画を立てていたことに気がついた。

本文の内容と合っているのはどれか。

❶ エリカが約束の日にちを間違えた。
❷ カズオが約束の日にちを間違えた。
❸ エリカが日曜日に駅へ行った。
❹ カズオが日曜日に駅へ行った。

10

　イチローは野球カードを集めている。ある日、彼は野球カード店に入って、３万円で売りに出されている古いカードを見つけた。イチローは同じカードを持っていたが、自分のカードはそれほどの高値で売ることができるほど状態が良いだろうかと思った。その翌日、イチローは店員のところに、彼の野球カードを持っていったが、それにも３万円の価値があると店員が言ったので、イチローは興奮した。

なぜイチローは興奮したのか。

❶ 彼の野球カードが価値があるとわかったから
❷ 無料で野球カードを手に入れたから
❸ 店には多くの興味深い野球カードがあったから
❹ 店員がイチローに３万円をあたえたから

독해

실전
모의테스트

11

　まだ入学して一か月ほどですが、たくさんの出会いがあって、仲良しで大好きな友だちができたり、いろんな人と楽しく授業を受けたりしている毎日です。授業、バイト、遊び、サークルなど、すべてを一生懸命しています。私がこんなことをいうのはまだ早いかもしれないけれど、大学に来てほんとうによかったなと思います。高校ではできなかったことを大学ではできたので両親に感謝したい毎日です。

この人が親に感謝するのはなぜか。

❶ 自分に勉強のやり方を教えてくれたので
❷ 楽しいことのできる大学に行かせてくれたので
❸ 大学生の友だちを紹介してくれたので
❹ バイトをしなくても大学の生活ができるようにしてくれたので

　私たちが文章を読むとき、最初の１行から数行の間までは、どんなにつまらない内容でも我慢することができます。義務で読まなければいけないものは別として、文章を読み始めて、ほんの数行ほど目を通した段階で、興味が生じれば読むし、生じなければ読みません。これが普通の読者の心理です。また、書き出しの数行を読む間に「先入観」が形成され、批判的に読むか、好意的に読むか、といった態度の差も出てきます。

本文の内容はどんなものか。

❶ 文章は分かりやすく書くべきだ。
❷ 文章は最初の１行から数行の間が勝負である。
❸ 文章を読むときは先入観を無くすべきである。
❹ 文章の種類はさまざまである。

13

　みなさん、ご注意ください。このビルのエレベーターは故障しております。現在、修理をしています。ほかの階に行かれるには、階段をお使いください。今のところ、午後３時ごろには修理が終わると思います。エレベーターが再度使えるようになりましたら、お知らせいたします。通行にご不便をおかけしましたこと、たいへんもうしわけございません。

これは何のお知らせなのか。

❶ エレベーターが使えないことの知らせ
❷ エレベーターが汚いことの知らせ
❸ 階段がとてもこんでいることの知らせ
❹ 階段が使えないことの知らせ

14

あて先：abe@npo-jipa.or.jp
件名：業務提携

ヤマト商事
営業部 田中様

先日は、貴重なお時間をいただきまことにありがとうございました。
田中様に出会えた事を感謝しております。
さて、先日お話しをさせていただいたアメリカとの貿易の件ですが、当社としては
ぜひとも実現していきたいと考えております。どうかよろしくお願い申し上げます。

国際貿易センター
海外営業部 吉岡みどり

吉岡さんが田中さんにこのメールを送った目的は何か。

❶ アメリカに行って貿易について調べてみたいこと
❷ アメリカとの貿易ができるようになること
❸ アメリカとの貿易についてぜひ相談したいこと
❹ アメリカ人の社員を会社に招待したいこと

15

　人には誰にも長所や短所があります。他人の長所を見て自分もそうなりたいと思う人もいれば、他人の短所ばかり見ている人もいます。他人の長所を習えば自分ももっと大きくなりますが、他人の短所を見て非難したりするのは自分の成長に役に立ちません。ですからみなさんは、他人の悪いところを見ないで、いいところを見てもっと自分をみがくようにしましょう。

本文の内容と合っているのはどれか。

❶ 他人の短所も自分に役に立つこともある。
❷ 他人の長所を自分のものにするように努力しよう。
❸ 人によって長所がない人もたくさんある。
❹ 短所をたくさん持っている人とは付き合わないほうがいい。

16

　最近変なことを経験しました。警官がゴミを捨てる人を取り締まったのです。そこまではいいですが、その警官は、その人がゴミを捨てるまで隠れて待っていたのです。それがおかしいのです。警官と言えば、犯罪を防ぐために存在するのでしょう。なのに、犯罪を犯すまで待っていて、それを取り締まるというのは何のことでしょうか。警官のこのような行動はどう考えても納得いきませんね。

筆者が警官に願っているのは何か。

❶ 犯罪を犯した犯人はちゃんとつかまえるべきである。
❷ 警官が犯罪を犯すのは変だからやめてほしい。
❸ 警官なら警官らしくもっと法律について勉強しろ。
❹ 人が犯罪を犯す前にそれを指摘して防ごう。

독해

실전
모의테스트

17

　生物は動いているからこそ生物である。しかし、冬になると、ほとんどの生物は、特に昆虫(注)は活動をしない。そこには何か特別な自然の原理がある。もともと前へ前へと進んでいく昆虫を、一時、完全に止めてしまう原理である。この昆虫に対しての原理がどんなものか、科学者たちが研究しているが詳しくはわかっていない。このように世の中には科学で解けない問題がたくさんある。

(注)昆虫：虫のこと

この原理について正しいものはどれか。

❶ 冬になると、生物が動かないこと
❷ 昆虫が前にずっと進んでいくこと
❸ 昆虫に起こる自然現象の一つであること
❹ 科学者たちが研究しているすべてのこと

18

　こんにちは、さちこ。

　今週末、クリスマスの買い物に行きたいって言っていたわよね。土曜日と日曜日のどちらに行きたい？　街か学校の近くのショッピングセンターへ行きましょうか。いろいろな店に行けるといいわね。　それから、いもうともいっしょに行っていい？　私は母、父、そして祖父母にプレゼントを買いたいの。いもうとにはもう買ってあるわ。この夏に中華料理店で働いたので、お金は十分あるのよ。

　すぐに返事をちょうだいね。

エリカより

エリカはどうやってクリスマスプレゼントを買うお金を手に入れたか。

❶ クリスマスに祖父母からお金をもらった。
❷ 本屋でアルバイトをした。
❸ 姉からお金をもらった。
❹ レストランで働いた。

독해

실전
모의테스트

19

　コウジはいつも、学校に行く前にゴミを出しています。昨日の朝、彼はカラスがとなりの人の出したゴミを食べているのを目にしました。道路のあちこちに食べ物や新聞紙などが散らかっていました。そこでしばらくの間、コウジはゴミをひろって新しいふくろに入れました。まちの人のひとりが彼のこの行動を見て、手伝ってくれました。

昨日の朝、コウジは何をしたか。

❶ 道をきれいにした。
❷ カラスをつかまえた。
❸ となりの人たちからゴミをあつめた。
❹ となりの人にゴミをひろおうとお願いした。

20

　高校を卒業して大学に入学し、あっという間に1年間が過ぎてしまいました。昨年度は本当に無駄にしてしまった1年だと感じています。これからの自分の中での目標は「積極的」です。大学では自分で時間割をたてるところから始まり、自ら行動しなければ誰も教えてくれません。ぼーっとしていたらすぐに1年2年と過ぎて行ってしまいます。行動し、やらなければ損をしてしまうと思うので、充実した1年だったなと言えるように私も積極的に行動していきます。

本文は何についての内容か。

❶ 筆者の問題点と大学に入るための計画
❷ 筆者に必要なものと仕事探し
❸ 筆者の反省とこれから学習すること
❹ 筆者の大学での生活とこれからの希望

독해

실전
모의테스트

1

해석   지난 주말, 나는 가족과 자동차로 조부모 집에 갔습니다. 우리 집 개 뽀치도 데리고 가기로 했습니다만, 뽀치는 차를 타는 것을 매우 두려워하고 있기 때문에 함께 올 수가 없었습니다. 그래서 어쩔 수 없이, 친구인 다나까 군에게 개를 보살펴 주도록 부탁했습니다. 다나까 군은 뽀치를 아주 좋아하고 있고, 다나까 군의 집에도 많은 개가 있습니다. 빨리 뽀치가 차를 탈 수 있도록 되어서면 좋겠군요.

필자는 다나까 군에게 무엇을 해 주도록 부탁했는가?

❶ 함께 조부모 집에 가는 것　　❷ 뽀치를 사 주기를 바라는 것
❸ 뽀치를 보살펴 주는 것　　❹ 뽀치가 자동차를 탈 수 있도록 도와주는 것

정답   ❸

어휘   先週末 지난 주말　家族 가족　車 자동차　祖父母 조부모　犬 개　連れる 동반하다　乗る 타다　怖がる 무서워하다
一緒に 함께　仕方ない 어쩔 수 없다　友だち 친구　世話をする 보살피다　頼む 부탁하다　好きがる 좋아하다　早く 빨리

2

해석   만일, 회의 도중에 사장님이 말하는 것이 잘못 되었다면 여러분은 어떻게 합니까? 사장님이 말하는 것이기 때문에 어쩔 수 없다고 생각하여 그대로 들어야만 하는 것일까요? 그렇지 않으면 아무리 사장이라고 해도 틀린 것은 반드시 지적하는 편이 좋을까요? 어느 쪽이 바른지 저는 모르겠습니다. 그러나 틀린 것을 지적하는 것은 좋은 일이지만, 그 것을 언제 어디서 하는가에 따라서 잘 될 때도 있고, 그렇지 않을 때도 있겠죠.

필자는 사장이 틀린 것을 말할 때, 어떻게 하면 좋다고 말하고 있는가?

❶ 자신이 해고가 되어도 틀린 것은 반드시 지적하는 편이 좋다.
❷ 자신이 해고가 될지도 모르기 때문에 그대로 듣는 편이 좋다.
❸ 때와 장소를 생각하여, 가장 좋은 시점에서 한마디 하는 편이 좋다.
❹ 어떻게 하면 좋을지 윗사람에게 상담하고 나서 행동하는 편이 좋다.

정답   ❸

어휘   会議 회의　途中 도중　社長 사장　間違う 틀리다　仕方ない 어쩔 수 없다　そのまま 그대로　聞く 듣다
いくら～ても 아무리 ~라도　それとも 그렇지 않으면　ちゃっと 반드시, 분명히　指摘 지적　ただしい 바르다　分かる 알다
～によって ~에 따라

해석　　S씨는 부하 복이 없다. 어제 몹시 고민해서 만든 자료는, 아무래도 틀린 것 같다. 내가 똑바로 고칠 수 있으면 좋겠지만, 그렇게 까지 공부하거나, 조사하거나 할 기력·시간·체력이 없다. 좀 더 시간을 내면 좋겠지만, 그렇게까지 시간을 낼 수 있는 상황은 아니고, 애당초 그렇게까지 시간을 낼만큼의 돈(임금)은 받지 않았단 말이지. 어떻게 해야 된단 말인가?

　　하지만 이대로는 내가 먼저 녹아웃 될 것 같아서, 슬슬 시간을 만들어 가는 방향으로 해야 하는 걸까? 어떻게 하면 좋을까?

어떻게 하면 좋을까? 라고 하는데, 어떤 것인가?

❶ 지금의 회사를 그만둘지 어떨지를 고민하고 있다.
❷ 받고 있는 급료보다 일이 너무 많아서 고민하고 있다.
❸ 업무 관계로 고민하고 있다.
❹ 일을 못하는 부하를 그만두게 해야할지 어떨지를 고민하고 있다.

정답　❸

어휘　部下 부하　めぐまれる 복 받다　昨日 어제　さんざん 몹시　悩む 고민하다　資料 자료　どうやら 아무래도　間違う 틀리다　きちんと 제대로　直す 고치다　勉強 공부　調べる 조사하다　気力 기력　時間 시간　体力 체력　割く 쪼개다　状況 상황　そもそも 애당초　先に 먼저　ノックアウト 녹아웃, 완전히 지쳐버림　そろそろ 슬슬　作る 만들다　方向 방향

독해

실전
모의테스트

❹

해석　　귀갓길에 신호를 기다리고 있을 때의 일입니다, 젊은 여자아이가 개의 산책으로 보도를 걷고 있었습니다. 보도와 국도 사이에는 눈이 1미터 가까이 벽을 이루고 있었습니다만, 신호와 횡단보도가 있는 장소는 눈이 치워져 있기 때문에, 보도의 모습이 보이는 것입니다. 갑자기 개가 엉거주춤한 자세를 취했습니다. 그러자 바로 여성은 가지고 온 신문지를 개의 엉덩이 아래에 짝 펼쳤습니다. 엄청나게 빨랐습니다. 개똥은 멋지게 신문지 위에 착지 성공. 나는 감동하여 물끄러미 쳐다보고 있었습니다. 그러나 내가 신기하다고 생각했던 타이밍이 실은 조금 빗나갔던 것일까, 여성은 당황하는 모습으로, 손가락 끝을 눈으로 씻고 있었습니다.

여자아이는 왜 손가락 끝을 눈으로 씻었는가?

❶ 눈을 만지고 싶어했기 때문에　　　　　　❷ 모두가 자신을 보고 있었기 때문에
❸ 손가락 끝에 개똥이 묻었기 때문에　　　　❹ 손가락 끝이 따뜻해졌기 때문에

정답　❸

어휘　仕事帰り 귀갓길　信号待ち 신호를 기다림　若い 젊다　犬 개　散歩 산책　歩道 보도　歩く 걷다　国道 국도　間 사이　雪 눈　近く 근처　壁 벽　横断歩道 횡단보도　場所 눈　片付ける 치우다　様子 모습　見える 보이다　突然 갑자기　中腰 엉거주춤한 자세　持つ 들다, 가지다　新聞紙 신문지　お尻 엉덩이　さっと 동작이 재빠른 모양　敷く 깔다　速い 빠르다　ウンチ 똥　見事だ 훌륭하다　着地 착지　成功 성공　感心 감동　見入る 물끄러미 쳐다보다　不思議だ 불가사의하다, 신기하다　実は 실은　ズレる 빗나가다　あわてる 당황하다　指先 손가락 끝　洗う 씻다

5

해석   손님은 신이라고 일컬어지는 경우도 있습니다만, 아무리 손님이라도 최저한의 매너랑 룰은 지키지 않고서는 안 됩니다. 점원도 인간이기 때문에 손님이 이상한 말을 하거나 무리한 요구를 하면 짜증이 나겠죠. 특히 비행기처럼, 안전이 제일인 장소에서는 자유롭게 행동하는 것은 허락되지 않습니다. 많은 사람들이 타고 있기 때문에 자신의 하나의 잘못된 행동으로 큰 사고가 일어날지도 모르기 때문입니다.

이 문장의 테마로서 바른 것은 어느 것인가?

❶ 점원과의 인간관계
❷ 손님의 권리
❸ 비행기를 타는 방법
❹ 공중매너

정답 ❹

어휘 お客様 손님 神様 신 〜であろうと ~라도 最低限 최저한 守る 지키다 店員 점원 人間 인간 変だ 이상하다 無理 무리 要求 요구 特に 특히 飛行機 비행기 安全 안전 第一 제일 場所 장소 自由だ 자유롭다 行動 행동 許す 용서하다, 허락하다 乗る 타다 間違う 틀리다 大事故 큰 사고 起きる 일어나다 関係 관계 権利 권리 公衆 공중

6

해석   기쁨이라고 하는 것은 여러 것에서 느낄 수 있습니다만, 저는 타인에게 뭔가를 해 주는 것에 의해서 행복을 느낍니다. 물론, 그것은 돈이 아니고, 불쌍한 사람이랑 힘든 일이 있는 사람에게 한마디라도 부드럽게 말을 거는 것 등 입니다. 나의 한마디로, 그들이 힘을 얻거나, 한번 더 해 보자 라는 마음이 들면 매우 기쁩니다. 나의 한마디로 세상을 바꿀 수 있을지도 모릅니다.

필자는 어디에서 기쁨을 얻고 있는가?

❶ 불쌍한 사람에게 따뜻한 말로 접하는 것
❷ 불쌍한 사람에게 항상 자신의 의견을 말하는 것
❸ 모든 사람에게 말을 걸거나 이야기를 들어주거나 하는 것
❹ 불쌍한 사람에게 돈을 주거나 말을 걸거나 하는 것

정답 ❶

어휘 よろこび 기쁨 感じる 느끼다 他人 타인 幸せ 행복 かわいそうだ 불쌍하다 大変だ 힘들다 一言 한마디 元気 힘 気 마음 世の中 세상 変える 바꾸다 言葉 말 接する 접하다

7

해석　　켄지는 뉴질랜드에 친구가 있다. 어제 그는 영어로 편지를 쓰는데 2시간 가까이 사용했다. 영일사전과 일영사전을 사용해야만 했다. 하지만 마침내 다 써서, 그는 너무나 기뻤다. 그는 가까운 우체국에 얼른 가서 편지를 부치고 집에 돌아왔다. 그러나 그가 매우 놀랍게도, 그의 책상 위에는 편지에 넣었다고 생각했던 사진이 있었다.

켄지는 집에 돌아왔을 때 왜 깜짝 놀랐는가?
❶ 편지에 우표를 붙이지 않았기 때문에
❷ 자신의 이름과 주소를 쓰는 것을 잊었기 때문에
❸ 편지 안에 넣는 것을 잊었기 때문에
❹ 편지를 쓰는데 2시간 가까이 사용했기 때문에

정답　❸

어휘　友だち 친구　昨日 어제　英語 영어　手紙 편지　書く 쓰다　〜のに 〜하는데　近く 가까이　使う 사용하다　英和辞典 영일사전
和英辞典 일영사전　ついに 마침내　書き上げる 다 쓰다　うれしい 기쁘다　郵便局 우체국　急ぐ 서두르다　手紙 편지
出す 내다　帰る 돌아오다　驚く 놀라다　〜ことに 〜하게도　机 책상　入れる 넣다　写真 사진　切手 우표　貼る 붙이다
名前 이름　住所 주소　忘れる 잊다

독해

실전
모의테스트

8

해석　　야마다 씨 집에서는 다이닝룸에 새로운 테이블이 샀습니다. 그 테이블은 매우 커서, 12명이 함께 앉을 수가 있습니다. 야마다 씨 집은 대가족으로 친구도 친척도 많습니다. 가족이 저녁밥을 먹을 때는 항상 다같이 같은 테이블에 앉을 수 있게 되어서 그들은 매우 기뻐하고 있습니다.

야마다 씨 집은 무엇 때문에 새로운 식탁을 샀던 것인가?
❶ 친구를 많이 만들기 위해
❷ 대가족을 가지기 위해
❸ 전원이 함께 앉을 수 있도록 하기 위해
❹ 전원이 저녁밥을 바로 먹을 수 있도록 하기 위해

정답　❸

어휘　新しい 새롭다　一緒に 함께　座る 앉다　大家族 대가족　友人 친구　親戚 친척　多い 많다　夕食 저녁밥　同じ 같음
よろこぶ 기뻐하다　食卓 식탁　作る 만들다　持つ 가지다, 들다　全員 전원

9

해석　에리카와 카즈오는 이번 주말 하이킹에 갈 계획을 세웠다. 토요일, 에리카는 매우 빨리 일어나서 도시락을 만들고 역으로 갔다. 그녀는 1시간 거기서 기다렸지만, 카즈오는 나타나지 않았다. 그제서야 겨우 에리카는 자신들이 일요일에 하이킹에 갈 계획을 세웠다는 것을 깨달았다.

본문의 내용에 맞는 것은 어느 것인가?

❶ 에리카가 약속 날짜를 틀렸다.
❷ 카즈오가 약속 날짜를 틀렸다.
❸ 에리카가 일요일에 역에 갔다.
❹ 카즈오가 일요일에 역에 갔다.

정답　❶

어휘　今週末 이번 주말　計画 계획　立てる 세우다　土曜日 토요일　早く 빨리　起きる 일어나다　昼食 점심밥　作る 만들다　駅 역　待つ 기다리다　現れる 나타나다　それでやっと 그제서야　自分達 자신들　日曜日 일요일　気がつく 알아차리다　約束 약속　日にち 날짜　間違える 틀리다

10

해석　이치로는 야구카드를 모으고 있다. 어느 날, 그는 야구카드를 파는 가게에 들어가서, 3만 엔으로 팔려고 내어놓은 오래된 카드를 발견했다. 이치로는 같은 카드를 가지고 있었는데, 자신의 카드는 그 정도의 고액으로 팔 수 있을 만큼 상태가 좋을까라고 생각했다. 그 다음 날, 이치로는 가게에 그의 야구카드를 들고 갔더니, 그 카드에도 3만 엔의 가치가 있다고 점원이 말했기 때문에 이치로는 흥분했다.

왜 이치로는 흥분했는가?

❶ 그의 야구카드가 가치가 있다는 것을 알았기 때문에
❷ 무료로 야구카드를 손에 넣었기 때문에
❸ 가게에는 흥미 깊은 야구카드가 있었기 때문에
❹ 점원이 이치로에게 3만 엔을 주었기 때문에

정답　❶

어휘　野球 야구　集める 모으다　ある日 어느 날　入る 들어가다　売る 팔다　出す 내다　古い 오래되다　見つける 발견하다　同じ 같음　持つ 들다, 가지다　高値 높은 가격　状態 상태　良い 좋다　翌日 다음 날　店員 점원　価値 가치　興奮 흥분　手に入れる 입수하다　興味深い 흥미 깊다　あたえる 주다

해석　　아직 입학한지 한 달 정도입니다만, 많은 만남이 있고, 사이좋고 아주 좋아하는 친구도 생기거나, 여러 사람과 즐겁게 수업을 받거나 하는 매일입니다. 수업, 아르바이트, 놀이, 서클 등, 모든 것을 열심히 하고 있습니다. 제가 이런 것을 말하는 것은 아직 빠를지도 모르겠지만, 대학에 와서 정말로 좋았다 라고 생각합니다. 고등학교에서는 할 수 없었던 것을 대학에서는 할 수 있었기 때문에 부모님께 감사하고 싶은 매일입니다.

이 사람이 부모님께 감사하는 것은 왜인가?
❶ 자신에게 공부하는 방법을 가르쳐 주었기 때문에
❷ 즐거운 것을 할 수 있는 대학에 가게 해 주었기 때문에
❸ 대학생 친구를 소개해 주었기 때문에
❹ 아르바이트를 하지 않아도 대학생활을 할 수 있도록 해 주었기 때문에

정답　❷

어휘　入学 입각　出会い 만남　仲良し 사이가 좋은　大好きだ 아주 좋아하다　楽しい 즐겁다　授業を受ける 수업을 받다
　　　毎日 매일　遊び 놀이　一生懸命 열심히　早い 빠르다　大学 대학　高校 고등학교　両親 부모님　感謝 감사　教える 가르치다
　　　紹介 소개

독해

실전
모의테스트

해석　　우리들이 문장을 읽을 때, 첫 한 줄에서 몇 줄까지는, 아무리 시시한 내용이라도 참을 수가 있습니다. 의무로 읽어야 하는 것은 제쳐두더라도, 문장을 읽기 시작해서, 불과 몇 줄 정도 훑어본 단계에서 흥미가 생기면 읽고, 생기지 않으면 읽지 않습니다. 이것이 보통 독자의 심리입니다. 또, 서두 몇 줄을 읽는 동안에 '선입관'이 형성되어, 비판적으로 읽을 것인가, 호의적으로 읽을 것인가 라는 태도의 차이도 나옵니다.

본문의 내용은 어떤 것인가?
❶ 문장은 이해하기 쉽게 써야만 한다.
❷ 문장은 첫 한 줄에서 몇 줄까지가 승부이다.
❸ 문장을 읽을 때는 선입관을 없애야만 한다.
❹ 문장의 종류는 다양하다

정답　❷

어휘　文章 문장　読む 읽다　最初 최초, 첫　行 행　数行 몇 행, 수 행　間 사이　つまらない 시시하다　内容 내용　我慢する 참다
　　　義務 의무　別として 제쳐두더라도　読み始める 읽기 시작하다　ほんの 아주 작은　ほど 정도　目を通す 훑어보다
　　　段階 단계　興味 흥미　生じる 생기다　普通 보통　読者 독자　心理 심리　書き出し 첫머리, 서두　先入観 선입관　形成 형성
　　　批判的 비판적　好意的 호의적　態度 태도　差 차이　出る 나오다　勝負 승부　無くす 없애다　種類 종류

13

해석　여러분, 주의해 주세요. 이 빌딩의 엘리베이터는 고장났습니다. 현재, 수리를 하고 있습니다. 다른 층으로 가시려면 계단을 사용해 주세요. 현재, 오후 3시경에는 수리가 끝날 것 같습니다. 엘리베이터를 재차 사용할 수 있게 되면 알려 드리겠습니다. 통행에 불편을 끼쳐드려서 대단히 죄송합니다.

이것은 무슨 알림인가?

❶ 엘리베이터를 사용할 수 없는 것의 알림
❷ 엘리베이터가 더러운 것의 알림
❸ 계단이 매우 붐비고 있는 것의 알림
❹ 계단을 사용할 수 없는 것의 알림

정답　❶

어휘　注意 주의　故障 고장　現在 현재　修理 수리　階 층　동사기본형 + には ~하려면　階段 계단　使う 사용하다
今のところ 현재　午後 오후　終わる 끝나다　再度 재차　通行 통행　不便をかける 불편을 끼치다
もうしわけない 죄송하다　こむ 붐비다

14

해석　수신처 : abe@npo-jipa.or.jp
건 명 : 업무제휴
야마토 상사
영업부 다나까 씨

전날은 귀중한 시간을 내어주셔서 진심으로 감사했습니다.
다나까 씨를 만날 수 있었던 것을 감사하고 있습니다.
그런데 전날 말씀했던 미국과의 무역 건입니다만, 당사로서는 꼭 실현해 가고싶다고 생각하고 있습니다. 잘 부탁드리겠습니다.

국제무역센터
해외영업부 요시오카 미도리

요시오까 씨가 다나까 씨에게 이 메일을 보낸 목적은 무엇인가?

❶ 미국에 가서 무역에 대해서 조사해 보고싶은 것
❷ 미국과의 무역을 할 수 있도록 되는 것
❸ 미국과의 무역에 대해서 꼭 상담하고 싶은 것
❹ 미국인 사원을 회사에 초대하고 싶은 것

정답　❷

어휘　あて先 수신처　件名 건 명　業務 업무　提携 제휴　商事 상사　営業部 영업부　先日 전날　貴重 귀중　まことに 진심으로
出会う 만나다　感謝 감사　さて 그런데　貿易 무역　当社 당사　〜として ~로서　ぜひとも 꼭　実現 실현　考える 생각하다
申し上げる 言う (말하다)의 겸양어　国際 국제　海外 해외

15

해석　사람에게는 누구에게도 장점과 단점이 있습니다. 타인의 장점을 보고 자신도 그렇게 되고싶다고 생각하는 사람도 있고, 타인의 단점만 보고 있는 사람도 있습니다. 타인의 장점을 배우면 자신도 더욱 성장합니다만, 타인의 단점을 보고 비난하거나 하는 것은 자신의 성장에 도움이 되지 않습니다. 그러니까 여러분은, 타인의 나쁜 점을 보지말고, 좋은 점을 보고 더욱 자신을 연마하도록 합시다.

본문의 내용과 맞는 것은 어느 것인가?

❶ 타인의 단점도 자신에게 도움이 되는 경우도 있다.
❷ 타인의 장점을 자신의 것으로 하도록 노력하자.
❸ 사람에 따라서 장점이 없는 사람도 많이 있다.
❹ 단점을 많이 가지고 있는 사람과는 교제하지 않는 편이 좋다.

정답　❷

어휘　長所 장점　短所 단점　他人 타인　習う 배우다　非難 비난　成長 성장　役に立つ 도움이 되다　悪い 나쁘다
　　　みがく 연마하다, 닦다　努力 노력　付き合う 사귀다, 교제하다

독해

실전
모의테스트

16

해석　최근 이상한 일을 경험했습니다. 경찰관이 쓰레기를 버리는 사람을 단속했던 것입니다. 거기까지는 괜찮습니다만, 그 경찰관은 그 사람이 쓰레기를 버릴 때까지 숨어서 기다리고 있었던 것입니다. 그것이 이상한 것입니다. 경찰관이라고 하면, 범죄를 막기 위해서 존재하는 것이겠죠? 그럼에도 범죄를 저지를 때까지 기다리고 있다가 그것을 단속한다는 것은 무슨 경우일까요? 경찰관의 이러한 행동은 어떻게 생각해도 납득이 되지 않습니다.

필자가 경찰관에 바라고 있는 것은 무엇인가?

❶ 범죄를 저지른 범인은 반드시 잡아야만 한다.
❷ 경찰관이 범죄는 저지르는 것은 이상하기 때문에 그만두기를 바란다.
❸ 경찰관이라면 경찰관답게 더욱 법률에 대해서 공부해라.
❹ 사람이 범죄를 저지르기 전에 그것을 지적해서 막자.

정답　❹

어휘　最近 최근　変だ 이상하다　経験 경험　警官 경관　捨てる 버리다　取り締まる 단속하다　隠れる 숨다　待つ 기다리다
　　　おかしい 이상하다　犯罪 범죄　防ぐ 막다　存在 존재　行動 행동　考える 생각하다　納得 납득

17

해석   생물은 움직이고 있기 때문이야말로 생물이다. 그러나 겨울이 되면 대부분의 생물은, 특히 곤충은 활동하지 않는다. 거기에는 뭔가 특별한 자연의 원리가 있다. 원래 앞으로 나아가는 곤충을 일시적으로 완전히 멈추어 버리는 원리이다. 이 곤충에 대한 원리가 어떤 것인가, 과학자들이 연구하고 있지만, 상세히는 알지 못한다. 이처럼 세상에는 과학으로 풀 수 없는 문제가 많이 있다.

이 원리에 대해서 바른 것은 어느 것인가?

① 겨울이 되면 생물이 움직이지 않는 것
② 곤충이 앞으로 쭉 나아가는 것
③ 곤충에게 일어나는 자연현상의 하나인 것
④ 과학자들이 연구하고 있는 모든 것

정답 ③

어휘 生物 생물　動く 움직이다　〜からこそ ~때문이야말로　冬 겨울　ほとんど 거의　特に 특히　昆虫 곤충　活動 활동
自然 자연　原理 원리　もともと 원래　進む 나아가다　一時 일시적으로　完全に 완전히　止める 멈추다　科学者 과학자
研究 연구　詳しい 상세하다　世の中 세상　解く 풀다　問題 문제

18

해석   안녕, 사치코.
　이번 주말, 크리스마스를 위한 쇼핑을 가고싶다고 말했지? 토요일과 일요일 어느 날에 가고싶어? 시내나 학교 근처의 쇼핑센터에 갈까? 여러 가게에 갈 수 있으면 좋겠네. 그리고 여동생도 함께 가도 돼? 나는 어머니, 아버지, 그리고 할아버지 할머니께 드릴 선물을 사고싶어. 여동생에게는 이미 사 주었어. 이번 여름에 중화요리점에서 일을 했기 때문에 돈은 충분히 있어.
　바로 답변 줘.

에리카로부터

에리카는 어떻게 해서 크리스마스 선물을 살 돈을 손에 넣었는가?

① 크리스마스에 할아버지 할머니로부터 돈을 받았다.
② 서점에서 아르바이트를 했다.
③ 언니로부터 돈을 받았다.
④ 레스토랑에서 일했다.

정답 ④

어휘 今週末 이번 주말　買い物 쇼핑　土曜日 토요일　日曜日 일요일　街 시내　近く 근처　店 가게　いもうと 여동생　母 어머니
父 아버지　祖父母 조부모　夏 여름　中華 중화　料理店 요리점　働く 일하다　十分 충분히　返事 답장　ちょうだい 줘
手に入れる 손에 넣다　本屋 서점

해석　코지는 항상 학교에 가기 전에 쓰레기를 버리고 있습니다. 어제 아침, 그는 까마귀가 이웃 사람이 버린 쓰레기를 먹고 있는 것을 보았습니다. 도로의 여기저기에 음식이랑 신문지 등이 어질러져 있었습니다. 그래서 잠시 동안, 코지는 쓰레기를 주워서 새 봉투에 넣었습니다. 마을 사람 중 한 명이 그의 이 행동을 보고 도와 주었습니다.

어제 아침, 코지는 무엇을 했는가?

❶ 길을 깨끗하게 했다.
❷ 까마귀를 잡았다.
❸ 이웃사람들로부터 쓰레기를 모았다.
❹ 이웃사람에게 쓰레기를 줍자고 부탁했다.

정답　❶

어휘　学校 학교　出す 내다, 배출하다　昨日 어제　朝 아침　カラス 까마귀　となり 이웃　目にする 보다　道路 도로　食べ物 음식　新聞紙 신문지　散らかる 어질러져 있다　すべて 전부　ひろう 줍다　新しい 새롭다　ふくろ 봉투　入れる 넣다　行動 행동　手伝う 돕다　つかまえる 잡다　あつめる 모으다

독해

실전
모의테스트

20

해석　고등학교를 졸업하고 대학에 입학하여, 눈 깜짝할 사이에 1년 간이 지나가 버렸습니다. 작년도는 정말로 헛되이 보내버린 1년이라고 느끼고 있습니다. 앞으로의 나의 마음 속의 목표는 '적극적'입니다. 대학에서는 스스로 시간표를 세우는 것에서 시작되어, 스스로 행동하지 않으면 아무도 가르쳐 주지 않습니다. 멍하니 있으면 바로 1년 2년 지나가 버립니다. 행동하고, 하지 않으면 손해를 입어버린다고 생각하기 때문에 충실한 1년이었구나 라고 말할 수 있도록 나도 적극적으로 행동해 가겠습니다.

본문은 무엇에 대한 내용인가?
❶ 필자의 문제점과 대학에 들어가기 위한 계획
❷ 필자에게 필요한 것과 직업 찾기
❸ 필자의 반성과 앞으로 학습할 것
❹ 필자의 대학에서의 생활과 앞으로의 희망

정답　❹

어휘　高校 고등학교　卒業 졸업　大学 대학　入学 입학　あっという間に 눈 깜짝할 사이　過ぎる 지나다　昨年度 작년도　本当に 정말로　無駄だ 헛되다　感じる 느끼다　目標 목표　積極的 적극적　時間割 시간표　たてる 세우다　自ら 스스로　行動 행동　教える 가르치다　ぼーっとする 멍하니 있다　損 손해　充実 충실　必要 필요　仕事探し 직업 찾기　反省 반성　希望 희망

1

　ビジネスで日本人に会ったとき、まずはじめに名刺を渡し合います。それは自分のことをあとでも忘れないようにするため、行う行動でしょう。そして日本へ行ったり日本人を相手に仕事をする人なら日本語とか英語で作られている名刺を持っていて、いつでも名刺を渡せるように用意したほうがいいでしょう。相手に名刺を渡すときは相手が名刺に書いてある部分の名前が見えるようにして、両手でていねいに渡します。もらうときも同じです。もらった名刺はその場で相手の名前などを確認したほうがいいです。

　もらった名刺もそのまま財布にしまわずに、テーブルの上に置いて相手と話し合ったほうがいいでしょう。会話の途中、いきなり相手の名前が覚えられないときもありますから。またもらった名刺にメモしたりするのは相手に対して失礼です。なぜなら自分の名刺がそまつに扱われているような気がするからです。

　このように名刺の扱い方はビジネスのはじまりですし、相手に対してのマナーでもありますから気をつけてやったほうがいいと思います。

(1) ビジネスで日本人に会うとき、どうすればいいか。

❶ いつでも名刺を渡せるように準備したほうがいい。
❷ 日本語だけで書いてある名刺を用意したほうがいい。
❸ 相手のようすを見てから名刺を渡したほうがいい。
❹ もらった名刺はすぐに財布の中に入れたほうがいい。

(2) 名刺のただしい渡し方はどれか。

❶ だれでもよく見えるようにして、両手で渡す。
❷ 自分に名刺に書いてある部分の名前が見えるように渡す。
❸ 相手に名刺に書いてある部分の名前が見えるように渡す。
❹ 相手に名刺に書いてある部分の名前が見えるようにし、片手で渡す。

(3) もらった名刺はどうすればいいか。

❶ すぐに財布の中に入れて、あとで確認する。
❷ 名前だけ確認して、すぐに財布の中に入れる。
❸ 自分の名刺と比べて、相手の名刺をほめる。
❹ もらったその場で名前と会社などを確認する。

2

　ここ数年、福祉関係の仕事に人気が集まっています。これは日本人の福祉に対する意識が高まっている証拠であり、また高齢化社会が深刻になっていることの現れでもあるでしょう。なぜなら福祉と言えば、やっぱり子どもや青年より、老人のことを思い浮かべる場合が多いからでしょう。

　実際、介護を必要としている老人たちは非常に増えて、それに対応していくべきの福祉関係の仕事が急速に伸びてきています。でも、それを教えるところが少ないので、人手不足が続いているのが現状です。それで、必要な人手をフィリピンやインドなどで輸入したりもします。でも、その人たちは介護は上手でも、言葉が通じないために、お互いに苦労します。

　それで就職を考えている若者たちには、競争相手も<u>そう多くない</u>、また給料も高い今がチャンスでしょう。ほかのところは競争もきびしいし、もし就職しても給料もあまりよくないです。仕事を探すなら、大企業ばかり考えずにもっと視野を広げたらどうでしょうか。

(1) 外国人の労働者を輸入する理由は何か。

❶ その国には仕事があまりないため
❷ 福祉関連の仕事をさせるため
❸ その国の人々に福祉について習うため
❹ 日本の福祉について教えるため

(2) <u>そう多くない</u>とあるが、何を言っているのか。

❶ 福祉関連の教育を受けた若者がそんなに多くない。
❷ 大企業に入りたがる若者がそんなに多くない。
❸ 福祉関連の仕事をしたがる人がそんなに多くない。
❹ 就職したいと思っている若者がそんなに多くない。

(3) 本文はどんな内容なのか。

❶ 若者たちの就職に対する問題点を指摘している。
❷ 高齢化社会の福祉の問題点について言っている。
❸ 今の日本の教育の問題点を指摘している。
❹ 若者たちに新しい職業ついて説明している。

3

　日本では小学校６年間と中学校３年間が義務教育です。それでほとんどの子どもたちが学校へ行っています。ですから文字の読み書きができない人はそんなに多くはないです。高校進学率もほかの先進国よりもっとも高いほうの９６％以上です。また親たちは、大学を卒業しないと社会に出てからもらえる給料が低いなどの理由で、子どもを大学へ進学させたいと思っています。

　高校や大学は義務教育ではないので、費用が高くなります。国立や市立、県立などは別にして、私立の場合は入学金も授業料もとても高いです。教育費が高いので４０〜５０代ぐらいの親たちは生活が苦しくなっています。もちろん、学校や国などからの奨学金もありますが、それをもらえる人はとても少ないです。

　それで、学校をやめてしまう子どもや、学校に行きたがらない子どもが最近どんどん増えています。教育がちゃんとなってないと日本の未来は暗くなるでしょう。それを防ぐために国がなんとかしないと、あとでたいへんなことになるかもしれません。

(1) 日本の教育制度はどうなっているか。

❶ 小学校と中学校までが義務教育である。
❷ 高校でも教育費は中学校とあまり変わりない。
❸ 大学進学率は先進国の中でもっとも高い。
❹ 高校に入ってから転校する生徒が多くなっている。

(2) ４０〜５０代ぐらいの親たちが大変な理由な何か。

❶ 子どもたちが大学に行きたくないと思っているから
❷ 子どもたちが入れる大学がとても少ないから
❸ 国や学校からの奨学金が全然もらえないから
❹ 高校や大学の教育費がとても高いから

(3) 筆者がいちばん言いたいのは何か。

❶ 大学は子どもたちにいろんなことを教えなければならない。

❷ お金がなくて大学などに入れない子どもたちを少なくしなければならない。

❸ 大学生がいる家庭にもっといろんな教育をさせなければならない。

❹ 高校や大学まで義務教育にしなければならない。

4

　日本人のニックネームについておもしろいと思ったことを話します。あ、その前にニックネームとは、友だちを呼ぶ時に使う、短くて呼びやすいもう一つの名前のことです。たとえば、私の場合は、ほんとうの名前はマイケルジャクソンですが、ニックネームはジャクです。国では友だちはみんな私のことをジャクと呼んでいました。

　日本に来ておもしろいと思ったことは、日本人のニックネームにはほんとうの名前より長いものや、ほんとうの名前とぜんぜん関係がないものがあることです。たとえばほんとうの名前は「けん」なのに、ニックネームは「けんたろう」だったり、ほんとうの名前は「さちこ」なのに、ニックネームは「りんご」だったり。「えー!? なぜそんな呼び方？」って聞きたくなるようなニックネームがいっぱいあります。でもこれが友だちとの関係をよくするものだとは、後になって知りました。

　ほんとうの名前と似たようなニックネームはもともとの自分の名前とあまり変わりないから呼ぶ人も呼ばれる人もおもしろく感じられないのが普通です。でも、自分のもともとの名前とぜんぜん関係のないニックネームはその人をよくあらわすものだからおもしろくもなるし、その人のことを知るのにたいへん役に立ちます。

　学校を卒業して何年も経てから会っても、ほんとうの名前は覚えられなくてもニックネームは覚えられるのでそれもとてもおもしろいです。

(1)「けんたろう」はなぜおもしろいニックネームなのか。

❶ ほんとうの名前より長いから
❷ へんな名前だから
❸ これを書いた人の国にもある名前だから
❹ ほんとうの名前とぜんぜん関係がないから

(2) 文によると、ほんとうの名前とニックネームの組み合わせの中、面白いと言えるのはどれか。

❶ ほんとうの名前：やまもと イチロー　→　ニックネーム：いちごちゃん
❷ ほんとうの名前：やまもと イチロー　→　ニックネーム：やまちゃん
❸ ほんとうの名前：やまもと イチロー　→　ニックネーム：イチローちゃん
❹ ほんとうの名前：やまもと イチロー　→　ニックネーム：やまもとちゃん

(3) 文の内容と合っているのはどれですか。

❶ 日本には悪いニックネームがいっぱいある。
❷ 日本には理由を聞きたいニックネームがいっぱいある。
❸ 自分も日本式のニックネームがほしい。
❹ ジャクはおもしろいニックネームの一つである。

5

　私はときどき人間と動物のちがいは何かについて考えます。小学生の時は、人間には言葉があるが、動物にはないと習ったことがあります。でも、これだけではちょっとそれを説明するにはたりないという感じがします。なぜなら、私の家にいるいぬはたまに私の言っていることがわかるかのように行動したりするからです。もちろん、いぬが使う言葉というのはありませんが、人間の言う言葉をわかっているというのはいぬにも私たちが知らない何かがあるのではないかと思うのです。

　それでは人間と動物のちがいは何でしょうか。一言では言えませんが、私の考えでは、自分をよく見せるためにいろんなことをするのが人間だと思います。もちろん、動物たちも赤ちゃんを生むために相手に、自分をよく見せようとしていろんなことをしますが、人間のそれとはレベルがちがうのです。

　昔から、女の人は自分をよく見せるためにおしゃれをしますが、最近では男の人でもたくさんのアクセサリーをつけたりします。その中にはけしょうをする男の人もいるくらいです。へんな目で見る人もいますが、私はけっしてそれが悪いとは思いません。自分をよく見せようとするのは世界中どこでも同じだと思いますから。それが男の人でも女の人でも…。

　でも、私は外見を大切することもいいことだと思いますが、もっと心のほうをきれいにしてほしいと思います。人間の美しさは外見ではなく、心から出るものだからです。

　みなさん、外見をかざる時間を、少しでも心をかざるのに使ってください。そうすることであなたはもっと美しくなれるでしょう。

(1) これを書いた人は自分のいぬを見て何を感じたか。

❶ いぬは人間の言葉がぜったいわからないというのを感じた。
❷ 人間と動物のちがいははっきり言葉にあると感じた。
❸ 動物にも自分たちが使う言葉があるのを感じた。
❹ 人間と動物のちがいが学校で習ったこととはちょっとちがうように感じた。

(2) 筆者は最近の人々についてどう思っているか。

❶ 自分をよく見せようといろんなことをするのが悪いとは思わない。
❷ 人に見せるために自分をかざるのはあまりよくないと思う。
❸ 人によって考え方が違うから自分と違う人も認めるべきである。
❹ 男女とも外見より内面をみがくように努力するべきである。

(3) 文によると、人間がもっと美しくなるやりかたは何か。

❶ 自分よりも動物のほうをもっときれいにかざると美しく見える。
❷ 人によく見せるために外見をがざるのが美しく見える。
❸ ほかの人の心を理解できるように努力すると美しく見える。
❹ かおより心をきれいにみがいたほうがもっとも美しくなる。

6

　車を運転するときは、安全のためにシートベルトをします。事故のとき、シートベルトをしていないと大きなけがをしてしまいます。時には死んでしまう場合もあります。また、運転中は急に止まったり、まがったりすることがあるので、事故にあわないとしてもシートベルトをしたほうが安全です。運転中はどんなことがおきるかわからないので…。

　このようにシートベルトは人々の命にかかわるものなので車に乗るときはかならずしなければなりません。そのため子どものためのシートベルトまで作られています。これは子どもを乗せるとき、車のうしろにつけて使います。

　また今までは、運転する人と、そのとなりの席に座る人はかならずシートベルトをしなければなりませんでした。これは法律で決められています。ですが、今年の６月から法律が変わって、うしろの席に座る人もシートベルトをしなければならないことになりました。これはうしろの席に座る人の安全のためにもなりますが、事故にあったとき、うしろの席に座る人がシートベルトをしていないと、その人だけではなくて、前に座っている人もけがをしてしまうからだそうです。というのは、自分が乗っている車が前の車にぶつかったり、うしろの車にぶつけられたりしたとき、うしろの席に座っている人がシートベルトをしていないと、前に座っている人とぶつかってしまうからです。

(1) シートベルトをしなくてはならない理由は何か。

❶ シートベルトをしないと運転ができなくなるから
❷ けがは大丈夫だが、死んでしまう場合があるから
❸ 事故でけがをしたり死んでしまうことを防ぐため
❹ シートベルトをした人々はみんな無事だったから

(2) ６月から法律が変わって、どうなったか。

❶ 車を運転する人はシートベルトをしなくてもかまわなくなった。
❷ 車を運転する人のとなりに座ってはいけなくなった。
❸ 車のうしろに座る人はシートベルトをしなくてもかまわなくなった。
❹ 車のうしろに座る人もシートベルトをしなくてはいけなくなった。

(3) 文の内容と合っているのはどれか。

❶ シートベルトをしていれば、交通事故にあわない。
❷ 事故にあわなければ、シートベルトをしなくてもいい。
❸ 運転する人がシートベルトをしていないと、うしろの人もあぶない。
❹ うしろの人がシートベルトをしていないと、前の人もあぶなくなる。

7

　むし暑い日が続くこんな季節にはスッキリとしたおいしい食べ物がほしいですね。
　夏のくだものの王様といえばやっぱりスイカです。子どものころ、外で日が暮れるまで遊んで、のどをカラカラにさせて家に帰ってくると冷蔵庫に冷やされたスイカがあって、それを母親に切ってもらっては夢中で食べていました。この季節が来ると、いつもそんなことをなつかしく思い出します。
　私の母親は「そのまま食べるとお腹が痛くなる」といって、三角に切ったスイカに塩を振ってからでないと食べさせてくれませんでした。私は塩を振らないほうが好きだったのですが、今考えてみると、外で大汗をかいて遊んできたわけですから塩分を補う必要があるわけです。塩を振ったスイカがいまでいうとスポーツドリンクの役割を果たしていたわけですね。
　なんでもない習慣や昔からの決まりごとに「なるほどな！」と感動してしまうような深い意味が隠されているものです。母親は経験から<u>そのこと</u>に気がついていたのかもしれません。

(1) 筆者の母親がスイカに塩を振ったのはなぜか。

❶ 塩を振ったほうがもっとおいしいから
❷ 病気の予防と塩分の補充のため
❸ ここではその理由がはっきり書いてない。
❹ 塩はスイカをやわらかくするものが入っているから

(2) <u>そのこと</u>が指しているのは何か。

❶ 塩は疲れた体を回復させるし、またスイカのおいしさがもっと増すこと
❷ 大汗をかいた後は体に塩分が少なくなるからスイカに塩を振ること
❸ 習慣や昔からの決まりごとはすべてがいいことだからそれを実践したこと
❹ 昔は、とても大切な塩を子どものためにスイカにたくさん振ってくれたこと

(3) 筆者は何がいちばん言いたいのか。

❶ 昔の人々の知恵や習慣は今考えてもすばらしいものだ。
❷ 今まで昔の習慣などを無視していた自分を反省している。
❸ 昔からの習慣の意味を勉強していなかった自分を反省している。
❹ 日本の昔からの習慣を今の若者はもっと勉強するべきだ。

8

　携帯電話で個性を出すために欠かせないのが着信メロディ（以下着メロ）。この着メロの楽しみをさらに広げてくれるものが登場しています。それが「和音着メロ」と「着メロダウンロード」です。

　①和音着メロは単音ではなく複数の音が重なったメロディのことです。3和音はすでに当たり前で、4和音の着信メロディも登場しています。また、その音色もピアノやギター、オルゴールなどが選択でき、表現できる幅もぐっと広がります。お金はかかるがそんなに高くもないし、好きな人にプレゼントもできるそうです。

　しかし、ここまで本格的なメロディになると、自分で作成するのは大変です。そこで登場したのが②着メロの配信サービスです。サーバーから曲を携帯電話にダウンロードするだけでOKです。すぐに着メロとして利用できます。めんどうな入力作業がないことと、メロディの完成度が高いため、多くの人が利用しています。でも、一曲のダウンロードの値段が安いのはいいが、それを何回もダウンロードしている子どもたちがいるため、親たちの心配が大きくなるのが問題らしいです。

(1) ①和音着メロについて正しいのはどれか。

❶ 一人の歌手の声にいろんな音が合わせて出る携帯電話の着信メロディのことを言う。
❷ いろんな歌手の声が合わせて出る携帯電話の着信メロディのことを言う。
❸ 一つの着信メロディに人の声や動物の鳴き声を合わせたものを言う。
❹ いろんな音が合わせて出る携帯電話の着信メロディのことを言う。

(2) ②着メロの配信サービスとは何か。
❶ 着信メロディを自分で作ってインターネットにのせるサービス
❷ 着信メロディをインターネットからダウンロードして使うサービス
❸ 着信メロディを無料で利用できるサイトでのダウンロードサービス
❹ 着信メロディを売ったり買ったりすることができるサービス

(3) 着信メロディについて心配されるのは何か。
❶ 曲の数が少なくて利用するのに限界があること
❷ 一曲あたりの値段が高くて利用しにくいこと
❸ たくさんダウンロードすると費用が高すぎること
❹ 子どもたちが勉強せずにそればかり利用すること

독해

실전
모의테스트

9

社員各位
差出人：最高経営責任者 吉本準一郎
件名：社内電子資源の個人利用について
日付：２月５日

　この話題を再度持ち出すのは恐縮ですが、一部の社員が電子メールやネットワークサービスを利用し、勤務時間内に電子メールの送受信やインターネットの閲覧を依然行っているとの報告が情報サービス課よりありました。１月１５日付の社内通達で述べましたように、①社内資源のそうした利用は認められず、即時解雇の理由となります。

　ご存じのとおり、２階の社員ラウンジには昼休みや勤務時間前後に利用できるコンピュータが数台あります。個人的なメールのやりとりや業務に関係のないインターネット閲覧はこちらを利用してください。

(1) メールによれば、会社の電子メールを個人的な理由で利用した社員には何が
　　起こりうるか。

❶ 会社の電子メールが使えない。
❷ 首になることがある。
❸ 停職になることがある。
❹ 減給になることがある。

(2) 次のうち本文から推測できることはどれか。

❶ 社内コンピュータの個人利用は以前にも起こった問題である。
❷ 電子メールに関する規則を破った社員を会社は特定できない。
❸ インターネットによる調査のため多くの社員は社員ラウンジを利用している。
❹ 昼食後には会社のコンピュータを自由に使ってよい。

(3) <u>社内資源</u>とは何か。

❶ 会社の電子メール
❷ 社員の個人的な情報
❸ 顧客の個人的な情報
❹ 会社のネットワークサービス

10

　新築パノラママンションが完成！只今売り出し中です。便利で快適なマンションを買いたいあなたにパーフェクトな場所です。静かな自然環境の中でかわいい鳥の鳴き声を聞きながら生活をエンジョイできますよ。また、徒歩わずか15分のところにバス停や食品雑貨店があります。今こそ低金利ローンでマンションを購入する絶好のチャンスです。

　新築マンション２０軒の中で残っているのは５軒のみです。価格は１億円から１億５千万円です。そばにはグリーンパークがあり、小さい湖もございます。今週末のオープンハウスにお越しください。９時から７時まで営業しております。ご予約は、277-1111にお電話いただくか、メトロデパートと中野郵便局の間にあるオアシス不動産にお越しください。

(1) このコマーシャルの目的は何ですか。

❶ 新築マンションを販売すること
❷ 新築マンションを貸すこと
❸ 新しいオフィスビルを売ること
❹ 新しいオフィスビルを貸すこと

(2) オアシス不動産は今週末何をするつもりですか。

❶ 事務所を改築する。
❷ 事務所を閉める。
❸ 物件を割り引く。
❹ 物件を購入希望者に見せる。

(3) 不動産屋はどこに位置しているか。

❶ メトロデパートと湖の間

❷ トロデパートと中野郵便局の間

❸ トロデパートとグリーンパークの間

❹ 湖と中野郵便局の間

실전
모의테스트

1

해석　비즈니스에서 일본인을 만났을 때, 우선 제일먼저 서로 명함을 주고받습니다. 그것은 자신을 나중에라도 잊지 않도록 하기 위해, 행하는 행동이겠죠. 그리고 일본에 가거나 일본인을 상대로 일을 하는 사람이라면 일본이나 영어로 만들어진 명함을 가지고 가서, 항상 명함을 건넬 수 있도록 준비하는 편이 좋겠죠? 상대방에게 명함을 건넬 때는 상대방이 명함에 적혀 있는 부분의 이름이 보이도록 해서, 양손으로 정중하게 건넵니다. 받을 때도 같습니다. 받았던 명함은 그 자리에서 상대방의 이름 등을 확인하는 편이 좋습니다.

　받았던 명함도 그대로 지갑에 챙기지 말고, 테이블 위에 두고 상대방과 대화를 하는 편이 좋겠죠. 대화 도중, 갑자기 상대방의 이름이 기억나지 않을 때도 있기 때문에. 또 받았던 명함에 메모하거나 하는 것은 상대방에 대해서 실례입니다. 왜냐하면 자신의 명함이 소홀히 다루어지고 있는 듯한 느낌이 들기 때문입니다.

　이처럼 명함의 취급방법은 비즈니스의 시작이고, 상대방에 대한 매너이기도 하기 때문에 주의해서 하는 편이 좋다고 생각합니다.

(1) 비즈니스에서 일본인을 만날 때, 어떻게 하면 되는가?

❶ 언제든지 명함을 건넬 수 있도록 준비하는 편이 좋다.
❷ 일본어만 적혀 있는 명함을 준비하는 편이 좋다.
❸ 상대방의 동정을 보고 나서 명함을 건네는 편이 좋다.
❹ 받은 명함은 바로 지갑 안에 넣는 편이 좋다.

(2) 명함을 바르게 건네는 방법은 어느 것인가?

❶ 누구라도 잘 보이도록 양손으로 건넨다.
❷ 자신에게 명함에 적혀 있는 부분의 이름이 보이도록 건넨다.
❸ 상대방에게 명함에 적혀 있는 부분의 이름이 보이도록 건넨다.
❹ 상대방에게 명함에 적혀 있는 부분의 이름이 보이도록 해서 한 손으로 건넨다.

(3) 받았던 명함을 어떻게 하면 되는가?

❶ 바로 지갑 안에 넣고, 나중에 확인한다.
❷ 이름만 확인하고, 바로 지갑 안에 넣는다.
❸ 자신의 명함과 비교해서 상대방의 명함을 칭찬한다.
❹ 받았던 그 자리에서 명함과 회사 등을 확인한다.

정답　(1) ❶　　(2) ❸　　(3) ❹

어휘　まずはじめに 우선 제일먼저　名刺 명함　渡し合う 서로 건네주다　忘れる 잊다　行う 행하다　行動 행동　相手 상대　仕事 일　作る 만들다　持つ 들다, 가지다　用意 준비　部分 부분　名前 이름　両手 양손　ていねいだ 친절하다, 공손하다, 정중하다　同じ 같음　その場 그 자리　確認 확인　財布 지갑　しまう 챙기다　置く 두다　話し合う 대화하다　会話 회화, 대화　途中 도중　覚える 기억나다　～に対して ~에 대해서　失礼 실례　そまつだ 소홀하다　扱う 취급하다　気がする 느낌이 들다　はじまり 시작　気をつける 주의하다

해석   이 몇 년, 복지관계의 일에 인기가 모이고 있습니다. 이것은 일본인의 복지에 대한 의식이 높아지고 있는 증거이고, 또 고령화사회가 심각하게 되고 있는 것의 현상이기도 합니다. 왜냐하면 복지라고 하면, 역시 아이나 청년보다 노인을 떠올리는 경우가 많기 때문이겠죠.

실제로 병 수발을 필요로 하고 있는 노인들은 매우 늘어나서 그것에 대응해 가야하는 복지관계의 일이 급속하게 증가하고 있습니다. 하지만, 그것을 가르치는 곳이 적기 때문에 일손부족이 계속되고 있는 것이 현 상태입니다. 그래서 필요한 일손을 필리핀이나 인도 등에서 수입하기도 합니다. 하지만, 그 사람들은 병 수발은 능숙해도, 말이 통하지 않기 때문에 서로 고생을 합니다.

그래서 취직을 생각하고 있는 젊은이들은, 경쟁상대도 그렇게 많지 않은, 또 급료도 높은 지금이 찬스이겠죠. 다른 곳은 경쟁도 심하고, 만일 취직되더라도 급료도 그다지 좋지 않습니다. 일을 찾는다면 대기업만 생각하지 말고 더욱 시야를 넓히면 어떨까요?

(1) 외국인 노동자를 수입하는 이유는 무엇인가?

❶ 그 나라에는 일이 별로 없기 때문에
❷ 복지관련의 일을 시키기 위해서
❸ 그 나라 사람들에게 복지에 대해서 배우기 위해서
❹ 일본의 복지에 대해서 가르치기 위해서

(2) <u>그렇게 많지 않은</u> 이라고 하는데. 무엇을 말하고 있는가?

❶ 복지관련의 교육을 받은 젊은이가 그렇게 많지 않다.
❷ 대기업에 들어가고 싶어하는 젊은이가 그렇게 많지 않다.
❸ 복지관련 일을 하고 싶어하는 사람이 그렇게 많지 않다.
❹ 취직하고싶다고 생각하고 있는 젊은이가 그렇게 많지 않다.

(3) 본문은 어떤 내용인가?

❶ 젊은이들의 취직에 대한 문제점을 지적하고 있다.
❷ 고령화사회의 복지의 문제점에 대해서 말하고 있다.
❸ 지금의 일본의 교육의 문제점을 지적하고 있다.
❹ 젊은이들에게 새로운 직업에 대해서 설명하고 있다.

정답 (1) ❷   (2) ❸   (3) ❹

어휘 数年 수 년 福祉 복지 関係 관계 仕事 일 人気 인기 集まる 모이다 〜に対する ~에 대한 意識 의식 高まる 높아지다
証拠 증거 高齢化 고령화 社会 사회 深刻 심각 現れ 현상 青年 청년 老人 노인 思い浮かべる 떠올리다 実際 실제
介護 간호, 병 수발 必要 필요 非常に 매우 増える 증가하다 対応 대응 急速に 급속하게 伸びる 늘다 教える 가르치다
人手不足 일손부족 続く 계속되다 現状 현 상태 輸入 수입 上手だ 능숙하다 言葉 말 通じる 통하다 お互いに 서로
苦労 고생 就職 취직 考える 생각하다 若者 젊은이 競争 경쟁 給料 급료 相手 상대 きびしい 심하다, 엄격하다
探す 찾다 大企業 대기업 視野 시야 広げる 넓히다

독해

실전
모의테스트

3

해석　일본에서는 초등학교 6년 간과 중학교 3년 간에 의무교육입니다. 그래서 대부분의 아이들이 학교에 갑니다. 그래서 글자를 읽거나 쓰는 것을 못하는 사람은 그렇게 많지는 않습니다. 고등학교 진학률도 다른 선진국보다 가장 높은 편인 96%이상입니다. 또 부모들은, 대학을 졸업하지 않으면 사회에 나가고 나서 받을 수 있는 급료가 낮다는 등의 이유로, 자식을 대학에 진학시키려고 생각하고 있습니다.

　고등학교나 대학은 의무교육이 아니기 때문에, 비용이 높아집니다. 국립이나 시립, 현립 등은 제쳐두더라도, 사립의 경우는 입학금도 수업료도 매우 비쌉니다. 교육비가 비싸기 때문에 40~50대 정도의 부모님들은 생활이 괴로워집니다. 물론, 학교나 국가 등으로부터의 장학금도 있습니다만, 그것을 받을 수 있는 사람은 매우 적습니다.

　그래서 학교를 그만둬 버리는 아이나, 학교에 가고싶어하지 않는 아이가 최근 점점 늘고 있습니다. 교육이 제대로 되지 않으면 일본의 미래는 어둡겠죠. 그것을 막기 위해서 국가가 어떻게 하지 않으면, 나중에 엄청난 일이 될지도 모릅니다.

(1) 일본의 교육제도는 어떻게 되어 있는가?

❶ 초등학교와 중학교까지가 의무교육이다.
❷ 고등학교에서도 교육비는 중학교와 별로 차이는 없다.
❸ 대학진학률은 선진국 중에서 가장 높다.
❹ 고등학교에 들어가고 나서 전학하는 학생이 많아지고 있다.

(2) 40~50대 정도의 부모님들이 힘든 이유는 무엇인가?

❶ 아이들이 대학에 가고싶지 않다고 생각하고 있기 때문에
❷ 아이들이 들어갈 수 있는 대학이 매우 적기 때문에
❸ 국가나 학교에서부터의 장학금을 전혀 받을 수 없기 때문에
❹ 고등학교나 대학의 교육비가 매우 비싸기 때문에

(3) 필자가 가장 말하고 싶은 것은 무엇인가?

❶ 대학은 아이들에게 여러 가지를 가르쳐야만 한다.
❷ 돈이 없어서 대학 등에 들어갈 수 있는 아이들은 적게 해야만 한다.
❸ 대학생이 있는 가정에 더욱 여러 가지 교육을 시켜야만 한다.
❹ 고등학교나 대학까지 의무교육으로 해야만 한다.

정답　(1) ❶　　(2) ❹　　(3) ❷

어휘　小学校 초등학교　～年間 ~년 간　中学校 중학교　義務 의무　教育 교육　文字 글자　読み書き 읽고 쓰기　高校 고등학교
進学率 진학률　ほか 다른　先進国 선진국　以上 이상　親 부모　大学 대학　卒業 졸업　社会 사회　給料 급료　低い 낮다
理由 이유　費用 비용　国立 국립　市立 시립　県立 현립　～は別にして ~은 제쳐두더라도　私立 사립　場合 경우
入学金 입학금　授業料 수업료　生活 생활　苦しい 괴롭다　奨学金 장학금　やめる 그만두다　最近 최근　増える 늘어나다
未来 미래　暗い 어둡다　防ぐ 막다　たいへんだ 힘들다

4

해석　일본인의 닉네임에 대해서 재미있다고 생각했던 것을 말하겠습니다. 아, 그전에 닉네임이라는 것은, 친구를 부를 때에 사용하는, 짧고 부르기 편한 또 하나의 이름을 말하는 것입니다. 예를 들면, 저의 경우는 진짜 이름은 마이클 잭슨입니다만, 닉네임은 잭입니다. 고향에서는 친구들은 모두 나를 잭이라고 부르고 있습니다.

　일본에 와서 재미있다고 생각했던 것은, 일본인의 닉네임에는 진짜 이름보다 긴 것이랑, 진짜 이름과는 전혀 관계가 없는 것이 있는 것입니다. 예를 들면 진짜 이름은 'けん(켄)'인데, 닉네임은 'けんたろう(켄타로)'이거나, 진짜 이름은 'さちこ(사치코)'인데, 닉네임은 'りんご(사과)'이거나. '뭐!? 왜 그렇게 부르지?'라고 묻고 싶은 듯한 닉네임이 많이 있습니다. 하지만 이것이 친구와의 관계를 좋게 하는 것이라는 것은, 나중에야 알았습니다.

　이름과 비슷한 닉네임은 부르는 사람도 불려지는 사람도 재미있게 느껴지지 않는 것이 보통입니다. 하지만, 자신의 이름과 전혀 관계없는 닉네임은 그 사람을 잘 나타내는 것이기 때문에 재미있고, 그 사람을 기억하는데 매우 도움이 됩니다.

　학교를 졸업하고 몇 년만에 만나도, 진짜 이름은 기억하고 있지 않아도 닉네임은 기억하고 있기 때문에 그것도 매우 재미있습니다.

(1) 'けんたろう(켄타로)'는 왜 재미있는 닉네임인가?

❶ 진짜 이름보다 길기 때문에
❷ 이상한 이름이기 때문에
❸ 이것을 쓴 사람의 고향에도 있는 이름이기 때문에
❹ 진짜 이름과 전혀 관계가 없기 때문에.

(2) 본문에 의하면, 일본인의 경우, 진짜 이름과 닉네임 조합 중 재미있는 것은 어느 것인가?

❶ 진짜 이름 : 야마모토 이치로 → 닉네임 : 이치고 짱
❷ 진짜 이름 : 야마모토 이치로 → 닉네임 : 야마 짱
❸ 진짜 이름 : 야마모토 이치로 → 닉네임 : 이치로 짱
❹ 진짜 이름 : 야마모토 이치로 → 닉네임 : 야마모토 짱

(3) 본문의 내용과 맞는 것은 어느 것인가?

❶ 일본에는 나쁜 닉네임이 많이 있다.
❷ 일본에는 이유를 묻고 싶은 닉네임이 많이 있다.
❸ 나도 일본식의 닉네임을 원한다.
❹ 잭은 재미있는 닉네임의 하나이다.

정답　(1) ❶　　(2) ❶　　(3) ❷

어휘　ニックネーム 닉네임, 별명　～について ～에 대해서　聞く 듣다　前 앞　友だち 친구　呼ぶ 부르다　使う 사용하다
短い 짧다　呼ぶ 부르다　동사ます형 + やすい ～하기 쉽다　名前 이름　たとえば 예를 들면　場合 경우　ほんとう 진짜
国 고향　長い 길다　ぜんぜん 전혀　関係 관계　呼び方 부르는 방법　もっと 더욱더　親しい 친하다　すぎる 지나다
似る 닮다　もともと 원래　変わり 변함, 차이　感じる 느끼다　ふつう 보통　あらわす 나타내다　覚える 기억하다
たいへん 매우　役に立つ 도움이 되다　学校 학교　卒業 졸업　何年 몇 년　～ぶりに ～만에　会う 만나다

5

해석 저는 때때로 인간과 동물의 차이는 무엇인가에 대해서 생각합니다. 학교 다닐 때는, 인간에게는 말이 있지만, 동물에게는 없다고 배운 적이 있습니다. 하지만, 이것만으로 좀 그것을 설명하기에는 부족하다는 느낌이 듭니다. 왜냐하면 우리 집에 있는 개는 가끔 내가 하는 말을 이해하는 듯이 행동하거나 하기 때문입니다. 물론, 개가 사용하는 말이 있는 것은 아닙니다만, 인간의 말을 이해하고 있는 것은 개에게도 우리들이 모르는 뭔가가 있는 것은 아닐까 생각합니다.

그럼 인간과 동물의 차이는 무엇일까요? 한마디로는 말할 수 없습니다만, 제 생각으로는 자신을 잘 보이기 위해서 여러 가지 것을 하는 것이 인간이라고 생각합니다. 물론 동물들도 새끼를 낳기 위해서 상대방에게, 자신을 잘 보이려 여러 가지 것을 합니다만, 인간의 그것과는 레벨이 다릅니다.

옛로부터, 여자는 자신을 잘 보이게 하기 위해서 멋을 부립니다만 최근에는 남자도 많은 액세서리를 착용하거나 합니다. 그 중에는 화장을 하는 남자도 있을 정도입니다. 이상한 눈으로 보는 사람도 있습니다만, 저는 결코 그것이 나쁘다고는 생각하지 않습니다. 자신을 잘 보이려고 하는 것은 세계 어디라도 같은 것이라고 생각하기 때문에. 그것이 남자든 여자든….

하지만, 저는 외견을 소중히 하는 것도 좋은 것이라 생각하지만, 더욱 마음을 깨끗이 해 주기를 바랍니다. 인간의 아름다움은 외견이 아니고, 마음에서 나오는 것이기 때문입니다.

여러분, 외견을 꾸미는 시간을, 조금이라도 마음을 꾸미는데 사용해 주세요. 그렇게 하는 것만으로 당신은 더욱 아름다워지겠죠!

(1) 이것을 쓴 사람은 자신의 개를 보고 무엇을 느꼈는가?

❶ 개는 인간의 말을 절대 모른다는 것을 느꼈다.
❷ 인간과 동물의 차이는 확실히 말에 있다고 느꼈다.
❸ 동물에게도 자신들이 사용하는 말이 있다는 것을 느꼈다.
❹ 인간과 동물의 차이가 학교에서 배운 것과는 좀 차이가 있는 것처럼 느꼈다.

(2) 필자는 요즘 사람들에 대해서 어떻게 생각하고 있는가?

❶ 자신을 잘 보이려고 여러 가지 것을 하는 것이 나쁘다고는 생각하지 않는다.
❷ 다른 사람에게 보이기 위해서 자신을 치장하는 것은 별로 좋지 않다고 생각한다.
❸ 사람에 따라서 사고방식이 다르기 때문에 자신과 다른 사람도 인정해야 한다.
❹ 남녀 다 외견보다 내면을 연마하도록 노력해야만 한다.

(3) 본문에 의하면, 인간이 더욱 아름다워지는 방법은 무엇인가?

❶ 자신보다도 동물 쪽을 더욱 예쁘게 꾸미면 아름답게 보인다.
❷ 남에게 잘 보이도록 하기 위해서 외견을 꾸미는 것이 아름답게 보인다.
❸ 다른 사람의 마음을 이해할 수 있도록 노력하면 아름답게 보인다.
❹ 얼굴보다 마음을 깨끗하게 닦는 편이 훨씬 아름다워진다.

정답 (1) ❹   (2) ❶   (3) ❹

어휘 ときどき 때때로 人間 인간 動物 동물 ちがい 차이 ～について ～에 대해서 考える 생각하다 言葉 말 習う 배우다
説明 설명 동사기본형 + には ～하기에는 たりない 부족하다 感じ 느낌 いぬ 개 たまに 가끔 わかる 알다 行動 행동
～わけだ ～인 것(셈)이다 一言 한마디 考え 생각 見せる 보이다 もちろん 물론 赤ちゃん 아기, 새끼 生む 낳다
相手 상대방 昔 옛날 だいたい 대체로 かざる 장식하다, 꾸미다 最近 최근 つける 붙이다 けしょう 화장
へんだ 이상하다 目 눈, 시선 けっして 결코 悪い 나쁘다 世界中 세계 모든 同じ 같음 外見 외견 大切だ 소중하다
もっと 더욱 心 마음 美しさ 아름다움 出る 나오다 少し 조금 わける 나누다 동사기본형 + のに ～하는데

해석　　차를 운전할 때는, 안전을 위해서 안전벨트를 합니다. 사고가 났을 때, 안전벨트를 하고 있지 않으면 큰 부상을 입습니다. 가끔은 죽는 경우도 있습니다. 또, 운전 중에는 갑자기 멈추거나 돌거나 하는 경우가 있기 때문에 사고를 당하지 않더라도 안전벨트를 하는 편이 안전합니다. 운전 중에는 어떤 일이 일어날지 모르기 때문에….

이처럼 안전벨트는 사람들의 목숨과 관련된 것이기 때문에 차를 탈 때는 반드시 해야만 합니다. 그래서 어린이를 위한 안전벨트까지 만들어져 있습니다. 이것은 어린이를 태울 때, 차의 뒤에 붙여서 사용합니다.

또 지금까지는, 운전하는 사람과 옆 좌석에 앉은 사람은 반드시 안전벨트를 해야만 했습니다. 이것은 법률로 정해져 있습니다. 하지만, 올해 6월부터 법률이 바뀌어, 뒷좌석에 앉은 사람도 안전벨트를 하지 않으면 안 되게 되었습니다. 이것은 뒷좌석에 앉은 사람의 안전을 위한 것도 되지만, 사고를 당했을 때, 뒷좌석에 앉은 사람이 안전벨트를 하지 않으면, 그 사람뿐만 아니라, 앞에 앉은 사람도 부상을 입기 때문이라고 합니다. 무슨 말이냐면, 자기가 타고 있는 차가 앞차와 부딪치거나, 뒤차에 부딪쳤을 때, 뒷좌석에 앉은 사람이 안전벨트를 하고 있지 않으면 앞에 앉은 사람과 부딪치기 때문입니다.

(1) 안전벨트를 해야 하는 이유는 무엇인가?

❶ 안전벨트를 하지 않으면 운전을 할 수 없게 되기 때문에
❷ 부상은 문제없지만, 죽어버릴 경우가 있기 때문에
❸ 사고로 부상 당하거나 죽어버리는 일을 막기 위해서
❹ 안전벨트를 했던 사람들은 모두 무사했기 때문에

(2) 6월부터 법률이 바뀌어, 어떻게 되었는가?

❶ 차를 운전하는 사람은 안전벨트를 하지 않아도 상관 없게 되었다.
❷ 차를 운전하는 사람 옆에 앉지 못하게 되었다.
❸ 차 뒤에 앉은 사람은 안전벨트를 하지 않아도 상관 없게 되었다.
❹ 차 뒤에 앉은 사람도 안전벨트를 하지 않으면 안 된다.

(3) 본문의 내용과 맞는 것은 어느 것인가?

❶ 안전벨트를 하고 있으면 교통사고를 당하지 않는다.
❷ 사고를 당하지 않으면 안전벨트를 하지 않아도 된다.
❸ 운전하는 사람이 안전벨트를 하지 않으면 뒷사람도 위험하다.
❹ 뒷사람이 안전벨트를 하지 않으면 앞사람도 위험해진다.

정답　(1) ❸　　(2) ❹　　(3) ❹

어휘　車 차　運転 운전　安全 안전　シートベルト 안전벨트　事故 사고　けが 부상　たまには 가끔　死ぬ 죽다　場合 경우
運転中 운전 중　急に 갑자기　止まる 멈추다　まがる 돌다　事故にあう 사고를 당하다　おきる 일어나다
わかる 알다　命 목숨　かかわる 관련되다　乗る 타다　かならず 반드시　作る 만들다　乗せる 태우다　うしろ 뒤
つける 붙이다　使う 사용하다　となり 옆　席 좌석　座る 앉다　法律 법률　決める 정하다　今年 올해　変わる 바뀌다
ぶつける 부딪치다(타동사)　ぶつかる 부딪치다, 충돌하다(자동사)

7

해석   아주 더운 날이 계속되는 이런 계절에는 깔끔한 맛이 나는 맛있는 음식이 먹고싶군요.

여름과일의 왕이라고 하면 역시 수박입니다. 어릴 때 밖에서 해가 저물 때까지 놀고, 목이 말라 집에 돌아오면 냉장고에 시원해진 수박이 있어서, 그것을 어머니가 잘라주어 허겁지겁 먹었습니다. 이 계절이 오면, 항상 그런 일을 그리워하며 떠올립니다.

우리 어머니는 '그대로 먹으면 배탈 나'라고 하며, 삼각으로 자른 수박에 소금을 뿌리고 나서가 아니면 먹게 해 주지 않았습니다. 나는 소금을 뿌리지 않은 쪽을 좋아했지만, 지금 생각해 보면, 밖에서 비지땀을 흘리며 놀고 온 것이니까 염분을 보충할 필요가 있는 것입니다. 소금을 뿌린 수박이 지금으로 말하자면 스포츠드링크의 역할을 했던 것입니다.

아무렇지도 않은 습관이나 옛날부터 으레 정해진 일에 '과연!'이라고 감동해버리는 깊은 의미가 숨겨져 있는 것입니다. 어머니는 경험에서 <u>그것</u>을 알았을 지도 모릅니다.

(1) 필자의 어머니가 수박에 소금을 뿌렸던 것은 왜인가?

❶ 소금을 뿌린 쪽이 더욱 맛있기 때문에
❷ 병의 예방과 염분의 보충을 위해서
❸ 여기서는 그 이유가 확실히 적혀져 있지 않다.
❹ 소금은 수박을 부드럽게 하는 성분이 들어있기 때문

(2) <u>그것</u>이 가리키고 있는 것은 무엇인가?

❶ 소금은 피곤한 몸을 회복시키고, 또 수박의 맛있음을 더욱 증가시키는 것
❷ 비지땀을 흘린 뒤는 몸에 염분이 적어지기 때문에 수박에 소금을 뿌리는 것
❸ 습관이나 옛날부터 으레 정해진 일 전부 좋은 것이기 때문에 그것을 실천했던 것
❹ 옛날에는 매우 소중한 소금을 자식을 위해서 수박에 많이 뿌려 주었던 것

(3) 필자는 무엇을 가장 말하고 싶은 것인가?

❶ 옛날 사람들의 지혜나 습관은 지금 생각해도 멋진 것이다.
❷ 지금까지 옛날 습관 등을 무시했던 자신을 반성하고 있다.
❸ 옛날부터의 습관의 의미를 공부하지 않았던 자신을 반성하고 있다.
❹ 일본의 옛날부터의 습관을 지금의 젊은이는 더욱 공부해야만 한다.

정답   (1) ❸   (2) ❷   (3) ❶

어휘   むし暑い 후텁지근하다 日 날 続く 계속되다 季節 계절 スッキリ 개운한 모습 食べ物 음식 夏 여름 くだもの 과일
王様 왕 スイカ 수박 外 밖 日が暮れる 날이 저물다 遊ぶ 놀다 のど 목 カラカラ 목이 마른 모습 帰る 돌아오다
冷蔵庫 냉장고 冷やす 식히다, 차갑게 하다 母親 어머니 切る 자르다 夢中で 빠져서, 몰두하여 なつかしい 그립다
思い出す 떠올리다 お腹 배 痛い 아프다 三角 삼각 塩 소금 振る 뿌리다 考える 생각하다 大汗をかく 비지땀을 흘리다
塩分 염분 補う 보충하다 必要 필요 役割を果たす 역할을 하다 習慣 습관 昔 옛날 決まりごと 정해진 일
なるほど 과연 感動 감동 深い 깊다 意味 의미 隠す 숨기다 経験 경험 気がつく 알아차리다

해석　　휴대전화로 개성을 내기 위해서 뺄 수 없는 것이 착신멜로디. 이 착신멜로디의 즐거움을 더 한층 넓혀주는 것이 등장하고 있습니다. 그것이 「화음 착신 멜로디」와 「착신 멜로디 다운로드」입니다.

　　①화음 착신멜로디는 단음이 아니고 복수의 음이 겹쳐진 멜로디를 말하는 것입니다. 3화음은 이미 당연하고, 4화음의 착신멜로디도 등장하고 있습니다. 또, 그 음색도 피아노랑 기타, 오르골 등을 선택할 수 있고, 표현할 수 있는 폭도 훨씬 넓어집니다. 돈은 들지만 그렇게 비싸지도 않고, 좋아하는 사람에게 선물도 할 수 있다고 합니다.

　　그러나, 이렇게까지 본격적인 멜로디가 되면, 스스로 작성하는 것은 힘듭니다. 그래서 등장했던 것이 ②착신멜로디의 송신서비스입니다. 서버에서 곡을 휴대전화로 다운로드 하는 것만으로도 OK입니다. 바로 착신멜로디로서 이용할 수 있습니다. 성가신 입력작업이 없는 것과, 멜로디의 완성도가 높기 때문에 많은 사람이 이용하고 있습니다. 그러나, 한 곡의 다운로드의 가격이 싼 것은 좋지만, 그것을 몇 번이나 다운로드하고 있는 아이들이 있기 때문에 부모들의 걱정이 커지는 것이 문제인 것 같습니다.

(1) ①화음 착신멜로디에 대해서 바른 것은 어느 것인가?
❶ 한 명의 가수의 목소리에 여러 가지 음이 합쳐서 나오는 휴대전화의 착신멜로디를 말한다.
❷ 여러 가수의 목소리가 합쳐서 나오는 휴대전화의 착신멜로디를 말한다.
❸ 한 개의 착신멜로디에 사람의 목소리나 동물의 울음소리를 합친 것을 말한다.
❹ 여러 소리가 합쳐서 나오는 휴대전화의 착신멜로디를 말한다.

(2) ②착신멜로디의 송신서비스라는 것은 무엇인가?
❶ 착신멜로디를 스스로 만들어 인터넷에 올리는 서비스
❷ 착신멜로디를 인터넷에서 다운로드 하여 사용하는 서비스
❸ 착신멜로디를 무료로 이용할 수 있는 사이트에서의 다운로드 서비스
❹ 착신멜로디를 팔거나 사거나 할 수 있는 서비스

(3) 착신멜로디에 대해서 걱정되어지는 것은 무엇인가?
❶ 곡의 수가 적어서 이용하는데 한계가 있는 것
❷ 한 곡 당 가격이 비싸서 이용하기 어려운 것
❸ 많이 다운로드하면 비용이 너무 비싸지는 것
❹ 아이들이 공부하지 않고 그것만 이용하는 것

정답　(1) ❹　(2) ❷　(3) ❸

어휘　携帯 휴대　電話 전화　個性 개성　出す 내다　欠かす 빼다　着信 착신　楽しみ 즐거움　さらに 더 한층
広げる 확장하다, 확대하다　登場 등장　和音 화음　単音 단음　複数 복수　音 소리　重なる 겹치다　すでに 이미
当たり前だ 당연하다　音色 음색　選択 선택　表現 표현　幅 폭　広がる 넓어지다　本格的 본격적　作成 작성　大変だ 힘들다
配信 통신사·신문사·방송국 등이 취재한 사항 등을 관계 기관에 보냄　曲 곡　利用 이용　めんどうだ 성가시다　入力 입력
作業 작업　完成度 완성도　値段 가격　何回 몇 번　親 부모　心配 걱정　問題 문제

독해

실전
모의테스트

9

해석

사원 여러분

발송인 : 최고경영책임자 요시모토 준이치로
건명 : 사내 전자 자원의 개인 이용에 대해서
날짜 : 2월 5일

　이 화제를 다시 꺼내는 것은 죄송하지만, 일부 사원이 전자 메일이나 네트워크 서비스를 이용해서 근무 시간 내에 전자 메일의 송수신이나 인터넷의 열람을 여전히 행하고 있다는 보고가 정보서비스과로부터 있었습니다. 1월 15일 부의 사내 통첩에서 말씀드린 것처럼, <u>사내 자원</u>의 그러한 이용은 인정되지 않으며, 즉시 해고되는 이유가 됩니다.

　알고 계시는 것처럼, 2층 사원 라운지에는 점심시간이나 근무시간 전후에 이용할 수 있는 컴퓨터가 몇 대 있습니다. 개인적인 메일의 송수신이나 업무와 관련 없는 인터넷 열람은 이쪽을 이용해 주세요

(1) 메일에 의하면, 회사의 전자메일을 개인적인 이유로 이용한 사원에게는 무슨 일이 일어날 수 있는가?

❶ 회사의 전자메일을 사용할 수 없다.
❷ 해고가 되는 경우가 있다.
❸ 정직이 되는 경우가 있다.
❹ 감봉이 되는 경우가 있다.

(2) 다음 중, 본문에서 추측할 수 있는 것은 어느 것인가?

❶ 사내 컴퓨터의 개인이용은 이전에도 일어났던 문제이다.
❷ 전자메일에 관한 규칙을 깬 사원을 회사는 특정할 수 없다.
❸ 인터넷에 의한 조사를 위해 사원은 사원라운지를 이용하고 있다.
❹ 점심 후에는 회사의 컴퓨터를 자유롭게 사용해도 좋다.

(3) <u>사내 자원</u>이라는 것은 무엇인가?

❶ 회사의 전자메일
❷ 사원의 개인적인 정보
❸ 고객의 개인적인 정보
❹ 회사의 네트워크서비스

정답　(1) ❷　(2) ❶　(3) ❹

어휘　社員 사원　各位 각위, 여러분　差出人 발신인　最高 최고　経営 경영　責任者 책임자　件名 건 명　社内 사내　電子 전자　資源 자원　個人 개인　利用 이용　～について ~에 대해서　日付 날짜　問題 문제　再度 재차　持ち出す 끄집어내다　恐縮だ 죄송하다　一部 일부　勤務 근무　時間内 시간 내　送受信 송수신　閲覧 열람　依然 여전히　行う 행하다　報告 보고　情報 정보　課 과　より 부터　～付 ~부, ~짜　通達 통달　述べる 말하다　認める 인정하다　即時 즉시　解雇 해고　理由 이유　ご存じのとおり 알고 계시는 것처럼　昼休み 점심시간　前後 전후　数台 몇 대　やりとり 주고받음　関係 관계

10

해석　신축 파노라마 맨션이 완성! 지금 팔고 있는 중입니다, 편리하고 쾌적한 맨션을 사고 싶은 당신에게 완벽한 장소입니다. 조용한 자연 환경 속에서 귀여운 새의 울음소리를 들으면서 생활을 즐길 수 있습니다. 또, 도보로 불과 15분으로 버스정류장과 식품잡화점이 있습니다. 지금이야말로 저금리로 맨션을 구입할 수 있는 절호의 기회입니다. 신축 맨션 20채 중에서 남아 있는 것은 5채뿐입니다. 가격은 1억 엔에서 1억 5천만 엔입니다. 옆에는 그린파크가 있고, 작은 호수도 있습니다. 이번 주 말의 오픈 하우스에 와 주세요. 9시부터 7시까지 영업하고 있습니다. 예약은, 277-1111로 전화하시든지, 메트로 백화점과 나카노 우체국의 사이에 있는 오아시스 부동산으로 오세요.

(1) 이 광고의 목적은 무엇입니까?

❶ 신축맨션을 판매하는 것
❷ 신축맨션을 빌려주는 것
❸ 새로운 오피스 건물을 파는 것
❹ 새로운 오피스 건물을 빌려주는 것

(2) 오아시스 부동산은 이번 주말 무엇을 할 예정입니까?

❶ 사무실을 개축한다.
❷ 사무실을 닫는다.
❸ 물건을 할인한다.
❹ 물건을 구입 희망자에게 보여준다.

(3) 부동산은 어디에 있습니까?

❶ 메트로 백화점과 호수 사이
❷ 메트로 백화점과 나카노 우체국 사이
❸ 메트로 백화점과 그린 파크 사이
❹ 호수와 나카노 우체국 사이

정답　(1) ❶　(2) ❹　(3) ❷

어휘　新築 신축　完成 완성　只今 지금　売り出し中 팔고 있는 중　便利 편리　快適 쾌적　場所 장소　静かだ 조용하다　自然 자연　環境 환경　鳥 새　鳴き声 울음소리　聞く 듣다　生活 생활　徒歩 도보　わずか 불과　バス停 버스정류장　食品 식품　雑貨店 잡화점　今こそ 지금이야말로　低金利 저금리　購入 구입　絶好 절호　軒 채　残る 남다　のみ 뿐, 만　価格 가격　億 억　湖 호수　今週末 이번 주 말　お越しください 来てください (오세요)의 존경어　営業 영업　予約 예약　電話 전화　郵便局 우체국　間 사이　不動産 부동산

독해 / 실전 모의테스트

1

　奨学金とは、能力や学力に関係なく、経済的な事情で進学できない学生に対して、学費や生活費を援助する制度だ。①それ以外にも、特別優秀な学生などに支給する場合もある。

　今、大学生の７割程度は何らかの奨学金を利用しているという。私も、家がそんなに余裕があるわけではではなかったので、奨学金を利用したが、卒業後、コツコツ毎月貯めて返してきた。それもやっと終わるかなあと思っていたら、近年、不況で奨学金を返さない人が増えているという話を聞いた。

　②これにはビックリした。奨学金を利用した人なら、奨学金がどういった目的に使われて、どう運営されているかわかるはずだ。それがなかったら進学できなかったのだから、次の世代にそのチャンスを引き継ぐ義務も当然ある。

　日本学生支援機構の奨学金返済者は約２５３万人に上り、そのうち未返済者は31万人にも上るそうだ。突然失業したり、卒業後も就職できなかった人も確かにいるだろうが、返済期限の延長を求めることもできるのだから、返済に対する意識の低さの問題だろう。

　これについて国にはきちんとした対策を立ててほしい。教育は国の未来を支えるものだ。近年、学力低下が社会問題化しているが、学費の問題も大きいのではないだろうか。

(1) ①それの指す意味は何か。

❶ 特別優秀な学生以外にも支給される奨学金
❷ 特別優秀な学生にだけ支給される奨学金
❸ 能力や学力に関係なく誰にでも支給される奨学金
❹ 能力や学力に関係なく学費を支払えない人に支給される奨学金

(2) ②これの指す意味は何か。

❶ 大学生の７割は奨学金を利用している現状
❷ 不況で奨学金を返さない人が増えているということ
❸ 奨学金がどのように運営されているか知らない人が多いこと
❹ 奨学金を返さない人が約253万人にもなっているということ

(3) 筆者は、奨学金を返さない人は何が問題だといっているか。

❶ 奨学金をもらったのに、卒業後も就職しないという意識
❷ 学力を考えないで、奨学金をもらえば何とかなるという考え
❸ 奨学金を返さなければならないのに、突然会社をやめてしまう無計画性
❹ 奨学金の意味を深く考えないで、自分勝手な理由で返さない考え方

(4) 日本の奨学金の現状として本文と合っているものはどれか。

❶ 7割程度は何らかの奨学金を利用していて、卒業後、毎月返している人が多い。
❷ 日本学生支援機構の奨学金で約31万人が奨学金を返していない。
❸ 日本学生支援機構の奨学金で、返済期限の延長を31万人くらいが求めている。
❹ 奨学金が少ないため、勉強に集中できない学生たちの、学力低下が社会問題化した。

2

　数十年前、アメリカのあるところで、ホットドッグの商売をしているおじいさんがいました。あのおじいさんのホットドッグはとてもおいしくてすごく人気がありました。遠くの離れたところからもお客さんが来るくらいでした。店の前にある駐車場はいつも車でいっぱいで、朝早く来て並ばなければ、１時間以上待たなければ買えないくらいでした。五人の店員も忙しくて少しも休む時間がありませんでした。

　おじいさんはお客さんにいつもこう言います。「みなさん、ホットドッグを一つだけ食べてはそのおいしさはわからないです。二つぐらい食べないとね。また、みなさんがうちのホットドッグをたくさん買ってくだされば私の息子はもっとえらくなりますよ。どうかよろしくね」と。

　実はおじいさんは、商売で稼いだお金をほとんど都会で勉強している息子に送っていたのです。おじいさんは、子どもの時からよく勉強ができた息子を大都会へ留学に行かせたのです。息子も父親が自分のために、とても苦労しているのを知っていたので、一生懸命勉強してハーバード大学に入りました。息子は大学に入ってからももっと勉強して、経営学の博士号をとりました。おじいさんはとても喜びました。

　息子は国に帰ってきてお父さんがやっている店がとてもさかんになっているのを見て喜びながらお父さんに一つのアイデアを出しました。「お父さん、店の経営をちょっと変えたほうがいいよ。今のままでもいいが、もうちょっと利益をあげるためにはコストを減らす必要があると思うよ。たとえば、ホットドッグのサイズを少し小さくしたり、店員も減らしたりするとか…」。

　おじいさんは息子の言ったとおりに店の経営のやり方を変えました。あれから数年が過ぎて、息子が父の店を再び訪ねてきました。きっと商売がうまくできているだろうと思っていた息子はがっかりしました。店の中には自分が博士号をとって帰ってきたときよりもお客さんがだいぶ減っていたからです。理由を聞いてみると、お父さんは笑いながらこう言いました。「お前が言ったとおりにやってみたが、とても商売がうまくなった。でも、最近景気が悪いからね」と。

　息子はその話を聞いてすごく悲しくなって泣いてしまいました。またこう思いました。「お父さんの経験は自分が学校で習ったことよりも、もっとえらいし、お父さんの教えは何よりも大事だ」と。

　それから息子はもっと努力して、今はアメリカでもっとも有名な実業家としてその名を知らせています。

(1) おじいさんのホットドッグについて正しいのはどれか。

❶ とてもおいしくて人気もあるが、値段がちょっと高い。
❷ 店の人はおじいさんのホットドッグを食べることはできない。
❸ ホットドッグを買うため店の駐車場まで人々が並んでいる。
❹ 店から離れたところからも買いに来るくらいとても人気がある。

(2) 私の息子はもっとえらくなりますよとあるが、それはどうしてか。

❶ 商売で得た利益を息子の学費として送っているから
❷ 息子がホットドッグについて研究をしているから
❸ ホットドッグの味を評価することで息子に刺激を与えられるから
❹ ハーバード大学では学生の親の仕事も大事に思っているから

(3) 息子が博士号をとり、田舎へ帰って最初にやったのは何か。

❶ 店をもっと大きくしてお客がたくさん入って来るようにした。
❷ お父さんの店を自分が経営することにした。
❸ お父さんに店のためのアドバイスをした。
❹ 店の店員の数を今より二倍にした。

(4) 息子は最後に、お父さんの経営方法についてどう思うようになった。

❶ やっぱりお父さんも大学で経営の勉強をしたほうがいいと思った。
❷ 学校では習えない長年の経験の大事さをあらためて感じるようになった。
❸ 学校での勉強と父の経験を合わせたほうがいいと思った。
❹ 店を適当に経営するよりちゃんとした計画を立ててやったほうがいいと思った。

3

　「うそ」はもちろん悪いことですが、時と場合によっては、何かの役に立つ「いいうそ」もあります。日本語には「うそも方便」というとても便利な言葉もあります。

　一番の方便は、学校の先生の「うそ」でしょう。子供を勇気づけたり、元気づけたりするために、先生はわざと「うそ」をつくことがあります。例えば、体育がよくできない子供に「君は上手なんだよ」と持ち上げたり、本当は下手なのに、「上手だったね」とほめてあげたりします。そうすれば、子供は次はがんばろうと思うのです。かりに、それがうそだとわかっていても、子供には先生の気持ちは通じるものです。

　また、親も先生と同じく、子供を育てる上で、よくうそをつきます。よくできたことをほめてあげるのは当たり前ですが、うまくできなかったことでも、ほめた方がいいでしょう。

　このような先生や親の「うそ」は、教育的にも道徳的にも認められる「うそ」です。ここにおもしろい実験がありますので、紹介します。

　「小学校四年生の能力の同じくらいの三つのグループを作り、第一グループにはいつもほめことばを与え、第二グループはいつもしかり、第三グループはほめもしかりもせず、それぞれ同じ問題で足し算の練習をさせたのです。この実験は五日つづけられましたが、その結果、第一グループは確実に成績が上昇していきますが、第二グループは一時的には伸びますが、途中で停滞してしまい、効果が現れません。第三グループは三日目までは上昇しますが、あとは成績が下がるばかりとなってしまいます」（相場均(1965)「うその心理学」講談社現代新書, 講談社, p93）

　この実験でもわかるように、子供にやる気を起こさせるようなうそは、歓迎されるべきでしょう。
まさに「うそも方便」なのです。

(1)「うそも方便」とはどういう意味なのか。

❶ どんな場合でも、うそをつくことはいいことでなない。
❷ うそはとても役に立つものだから、たくさんうそをついたほうがいい。
❸ 先生や親は特別だから時々はうそをつくことも許される。
❹ 時と場合によっては、うそも手段として必要である。

(2) 先生や親の「うそ」についてどう言っているか。

❶ いいうそでも悪いうそでも、子供のためにはよくない。
❷ 子供の時からうそを教えてはいけないのでよくない。
❸ 子供に自信を持たせるためにはある程度は必要である。
❹ うそは小学校の時より、中学校から教えたほうがいい。

(3) 実験でわかったことは何か。

❶ 第一グループから分かるように子供にはほめことばばかり言ってはいけない。
❷ 第二グループから分かるように子供にはほめたりしかったりしたほうがいい。
❸ 第一グループから分かるように子供をほめてばかりいると成績は全然上がらない。
❹ 第二グループから分かるように子供をしかってばかりいると効果はない。

(4) 本文の内容とあっているものはどれか。

❶ 先生や親が子供につくうそは、どんなうそでもいいうそである。
❷ たとえ算数の計算が遅くても、ほめてあげた方がいいことは実験で明らかになった。
❸ 子供はほめるよりきつくしかって勉強させた方が効果が上がる。
❹ 先生がほめてくれても、子供はそれがうそであることをわかってしまうのでうそはやはりつかない方がいい。

4

　ハリウッド映画で空飛ぶ車を見たことがある人は多いだろう。この種の車には飛行機のように離陸し飛ぶことを可能にする特別なつばさと強力なエンジンがついていて、混雑した高速道路でも問題ない。人々は長年そんな空飛ぶ車を夢見てきたが、最近ではこのような車ももはや単なる夢ではない。

　最初に空飛ぶ車の製作が始まったのは1928年のことだった。しかし、最初に作られた車が空を飛ぶことはできなかった。1956年には、あるエンジニアがエアロカーを作ったが、それは毎日使用するには大きすぎ、2003年になって、ついにボール・モラー博士という名の大学教授が空飛ぶ車を作るのに成功した。彼が作った会社はモラー・インターナショナルといい、そこで作られた最初の空飛ぶ車は明るい赤の色のM100で、まっすぐ上昇することで飛行するもので、4人が乗ることができ、SF映画に登場する車のようである。また2007年に彼の会社はM200Xという名の別の小型の空飛ぶ車を作った。それはまるくて青く、2人が乗ることができる。

　これらの空飛ぶ車は一般的になるであろうか。答えはおそらくすぐには出ないであろう。理由の一つは、高い費用である。5億円という価格では、ほとんどの人は買えない。

　たとえ多くの人が空飛ぶ車を買い始めたとしても、運転が難しいだろう。解決方法の1つとして、テレビゲームで使用されるコントロールレバーと同じような種類のジョイスティックをつけることがある。ほとんどの人はテレビゲームのやり方を知っているので、このジョイスティックを使えば飛行するのは簡単だと感じるだろう。空飛ぶ車を今すぐに主要な都市の空で目にするのは難しいだろうが、将来、もし空が空飛ぶ車でいっぱいになったとしてもおどろくことではない。

(1) 空飛ぶ車について正しいのはどれか。

❶ 混雑した道路でも困ることはない。
❷ ハリウッド映画に登場するだけのものになる。
❸ 夜に夢見るものになる。
❹ つばさとエンジンのついた飛行機と同じように見える。

(2) 2003 年に何が起こったか。

❶ 空飛ぶ車のプロジェクトが失敗した。
❷ あるエンジニアが M200X という名の空飛ぶ車を作った。
❸ ある教育者が空飛ぶ車を作った。
❹ エアロカーという名の会社が 2 人用の空飛ぶ車を作った。

(3) 空飛ぶ車はなぜまだ一般的ではないのか。

❶ 多くの人にとって高価すぎるから
❷ 飛行機会社にだけ販売されているから
❸ 人々はふだん乗っている車を運転するほうが好きだから
❹ 人々はあまりにも速く飛ぶとよってしまうから

(4) 空飛ぶ車を運転しやすくするためにどのような方法があるのか。

❶ 企業がより安い空飛ぶ車を作る。
❷ 新しい種類の車のテレビゲームを考える。
❸ 人々が飛行機の運転方法を習えるようにする。
❹ 使いやすいコントロールレバーを車につける。

5

　中華街は世界のほとんどすべての国で見られる。大きさは一つの町を作るほど大きいものから、10軒ぐらいの小さいものまである。北アメリカには大きな中華街がいくつかあり、バンクーバーやニューヨーク、サンフランシスコのものがよく知られている。サンフランシスコにはアジア以外の地域で最大の中華街がある。

　中華街は非常に多くの観光客を呼び寄せる。観光客は中国の食料、美術品、さらに音楽やDVDなどでいっぱいの店を回ったり、その区域にある中華風の門や寺院、建物を見て楽しむのだ。もっとも大きな中華街ではこのような観光客から毎年数百万ドルもの収入を得ている。

　北アメリカの中華街は中国からの移民が最初にやってきた場所だとずっと考えられてきた。中国人移民の２世、３世は普通別の場所に暮らしているが、中華街には多くの友好団体があり、かなり前に北アメリカのほかの地域に行ってしまった中国人と文化的、商業的な関係を維持している。これらの団体はまた中国との関係も維持している。

　今日の中華街は多くの新たな課題に直面している。シアトルやニューヨークの中華街では、古い建物を直す資金を必要としている。中華街の住民はまた、多くのホームレスの人々（ほとんどは中国人ではない）についても困っている。ホームレスの人々は普通害をおよぼすことはないが、彼らの存在は中華街の観光客を減少させ、商業的能力を低下させてしまうからだ。また、中華街は観光客からの収入のほかに、衣服やおもちゃなどの商品を作る小規模の商業に依存しているが、今日、その価格は東南アジア、さらには中国で同じ商品を作る会社の価格よりも高くなっている。

　このような課題に直面しているにもかかわらず、北アメリカの中華街の指導者たちは中華街が今後も成長を続けると信じ、多くの中華街を近代的で活気あるものにしようと努力している。たとえば、北アメリカ最大でもっとも伝統的な中華街でさえ世界に売り込むためにウェブサイトを持っている。

(1) 観光客が北アメリカの中華街を訪れる理由の一つは何か。

❶ 中国からのおもちゃを売るため
❷ 伝統的な衣服を作るため
❸ 珍しい建物を見るため
❹ 中国からの食料を売るため

(2) 中国の友好協会の機能は何か。

❶ アメリカの、中国人以外の人と連絡を取り合うこと
❷ 北アメリカの中国人との関係を維持すること
❸ 北アメリカのほかの地域に中華街を作ること
❹ おのおのの中華街内の文化的な基準を維持すること

(3) 文によると、いくつかの中華街が直面している課題の一つは何か。

❶ 中華街の多くの住民がホームレスになっていること
❷ 中華街の商品価格が安くなりすぎていること
❸ 中華街の会社が海外の会社より高値をつけてグッズを売っていること
❹ 中華街が自分たちのウェブサイトを更新していないこと

(4) 中華街について正しいものはどれか。

❶ そこから離れた中国人を多く呼び戻している。
❷ 非常にさまざまな文化的、ビジネス的機能を持っている。
❸ 東南アジアの会社にうまく打ち勝っている。
❹ 近代的な商売より伝統的な商売を好む。

독해

실전
모의테스트

1

해석 장학금이라는 것은, 능력이나 학력에 관계없이, 경제적인 사정으로 진학할 수 없는 학생에 대해서 학비나 생활비를 원조하는 제도이다. ①그 이외에도, 특별히 우수한 학생 등에게 지급하는 경우도 있다.

지금, 대학생의 70% 정도는 뭔가의 장학금을 이용하고 있다고 한다. 나도 집에 그렇게 여유가 있는 편이 아니었기 때문에 장학금을 이용했지만, 졸업 후 부지런히 매월 모아서 갚아 왔다. 그것도 겨우 끝나는구나 하고 생각했더니 요 근래, 불황으로 장학금을 안 갚는 사람이 늘고 있다는 말을 들었다.

②이것에 깜짝 놀랐다. 장학금을 이용했던 사람이라면, 장학금이 어떠한 목적으로 사용되어지고, 어떻게 운영되어지고 있는지 틀림없이 알 것이다. 그것이 없었다면 진학할 수 없었던 것이기 때문에, 다음 세대에게 그 기회를 계승할 의무도 당연히 있다.

일본 학생지원기구의 장학금 변제자는 약 253만 명에 이르고, 그 중 미 변제자는 31만 명이나 이른다고 한다. 갑자기 직업을 잃거나 졸업 후에도 취직하지 못했던 사람도 확실히 있겠지만, 변제기한의 연장을 요구할 수도 있다고 하닌 변제에 대한 의식이 낮은 것이 문제일 것이다.

이것에 대해서 국가는 제대로 된 대책을 세워주기를 바란다. 교육은 국가의 미래를 지탱하는 것이다. 요 근래 학력저하가 사회 문제화되고 있지만, 학비의 문제도 크기 때문인 것은 아닐까?

(1) ①그것이 가리키는 의미는 무엇인가?

❶ 특별히 우수한 학생 이외에도 지급되는 장학금
❷ 특별히 우수한 학생만 지급되는 장학금
❸ 능력이랑 학력에 관계없이 누구에게라도 지급되는 장학금
❹ 능력이랑 학력에 관계없이 학비를 지불할 수 없는 사람에게 지급되는 장학금

(2) ②이것이 가리키는 의미는 무엇인가?

❶ 대학생의 70%는 장학금을 이용하고 있는 현 상태
❷ 불황으로 장학금을 갚지 않는 사람이 늘고 있다고 하는 것
❸ 장학금이 어떻게 운영되어지고 있는지 모르는 사람이 많다는 것
❹ 장학금을 갚지 않는 사람이 약 253만 명이나 된다는 것

(3) 필자는 장학금을 갚지 않는 사람은 무엇이 문제라고 말하고 있는가?

❶ 장학금을 받았는데 졸업 후도 취직하지 않는다는 의식
❷ 학력을 생각하지 않고 장학금을 받으면 어떻게든 된다는 생각
❸ 장학금을 갚지 않으면 안 되는데, 갑자기 회사를 그만 둬 버리는 무계획성
❹ 장학금의 의미를 깊게 생각하지 않고 자기 멋대로인 이유로 갚지 않는다는 생각

(4) 일본의 장학금의 현 상태로서 본문과 맞는 것은 어느 것인가?

❶ 70%정도는 뭔가의 장학금을 이용하고 있고, 졸업 후, 매월 갚고 있는 사람이 많다.
❷ 일본학생지원기구의 장학금 중, 약 31만 명이 장학금을 갚지 않고 있다.
❸ 일본학생지원기구의 장학금으로 변제기한 연장을 31만 명 정도가 요구하고 있다.
❹ 장학금이 적기 때문에 공부에 집중할 수 없는 학생들의 학력저하가 사회 문제화되었다.

정답　(1) ❹　(2) ❷　(3) ❹　(4) ❷

어휘　奨学金 장학금　能力 능력　学力 학력　関係 관계　経済的 경제적　事情 사정　進学 진학　学生 학생　～に対して ～에 대해서
学費 학비　生活費 생활비　援助 원조　制度 제도　以外 이외　特別 특별　優秀 우수　支給 지급　場合 경우　大学生 대학생
割 할　程度 정도　利用 이용　余裕 여유　卒業後 졸업 후　コツコツ 부지런히　毎月 매월　貯める 저축하다
返す 돌려주다, 갚다　やっと 겨우　終わる 끝나다　近年 요 근래　不況 불황　増える 늘다　目的 목적　使う 사용하다
運営 운영　次 다음　世代 세대　引き継ぐ 계승하다　義務 의무　当然 당연　支援 지원　機構 기구　返済者 변제자　約 약
上る 이르다　未返済者 미 변제자　突然 갑자기, 돌연　失業 실업　就職 취직　確かに 확실히　期限 기한　延長 연장
求める 요구하다, 추구하다　残り 나머지　意識 의식　低さ 낮음　問題 문제　国 국가　対策 대책　立てる 세우다　教育 교육
未来 미래　支える 지탱하다　学力 학력　低下 저하　社会 사회　指す 가리키다　現状 현 상태　無計画性 무계획성　集中 집중

2

해석　　수십 년 전, 미국의 어느 곳에서, 핫도그의 장사를 하고 있는 할아버지가 있었습니다. 그 할아버지의 핫도그는 매우 맛있어서 매우 인기가 있었습니다. 멀리 떨어진 곳에서도 손님이 올 정도였습니다. 가게 앞에 있는 주차장은 항상 자동차로 가득 차서, 아침 일찍 와서 줄서지 않으면 1시간 이상 기다리지 않으면 살 수 없을 정도였습니다. 5명의 점원도 바빠서 조금도 쉴 시간이 없었습니다.

할아버지는 손님에게 항상 이렇게 말합니다. '여러분, 핫도그를 한 개만 먹어서는 그 맛있음은 알 수 없습니다. 두 개 정도 먹어야 합니다. 여러분이 우리 핫도그를 많이 사 주시면 <u>저의 아들은 더욱 훌륭하게 됩니다</u>. 잘 부탁합니다'라고.

실은 할아버지는 장사에서 번 돈을 거의 도시에서 공부하고 있는 아들에게 보내고 있었던 것입니다. 할아버지는, 어릴 때부터 공부를 잘 했던 아들을 대도시에 유학 보냈던 것입니다. 아들도 아버지가 자신을 위해서 매우 고생하고 있는 것을 알고 있었기 때문에, 열심히 공부해서 하버드대학에 들어갔습니다. 아들은 대학에 들어가서도 더욱 공부하여, 경영학의 박사학위를 땄습니다. 할아버지는 매우 기뻐했습니다.

아들은 고향에 돌아와서 아버지가 하고 있는 가게가 매우 번창하고 있는 것을 보고 기뻐하면서 아버지에게 한 개의 아이디어를 내었습니다. '아버지, 가게의 경영을 조금 바꾸는 편이 좋아. 지금 이대로도 좋지만, 좀 더 이익을 올리기 위해서는 비용을 줄일 필요가 있다고 생각해. 예를 들면 핫도그의 사이즈를 조금 작게 하거나, 점원도 줄이거나 한다던가…'.

할아버지는 아들이 말한 대로 가게의 경영 방법을 바꾸었습니다. 그 뒤 몇 년이 흘러, 아들이 아버지의 가게를 재차 방문했습니다. 틀림없이 장사가 잘 되고 있을 거라고 생각했던 아들은 실망했습니다. 가게 안에는 자신이 박사학위를 받고 돌아왔을 때보다도 손님이 상당히 줄었기 때문입니다. 이유를 묻자, 아버지는 웃으면서 이렇게 말했습니다. '네가 말한 대로 해 보았는데, 매우 장사가 잘 되었어. 하지만, 요즘 경기가 나빠서'라고.

아들은 그 이야기를 듣고 엄청 슬퍼져서 울어버렸습니다. 또 이렇게 생각했습니다. '아버지의 경험은 내가 학교에서 배웠던 것보다도 더욱 훌륭하고, 아버지의 가르침은 무엇보다도 소중하다'라고.

그리고 나서 아들은 더욱 노력하여, 지금은 미국에서도 가장 유명한 실업가로서 그 이름을 알리고 있습니다.

(1) 할아버지의 핫도그에 대해서 바른 것은 어느 것인가?

❶ 매우 맛있고 인기도 있지만, 가격이 좀 비싸다.
❷ 점원은 할아버지의 핫도그를 먹을 수는 없다.
❸ 핫도그를 사기 위해 가게의 주차장까지 사람들이 줄서 있다.
❹ 가게에서 떨어진 곳에서도 사러 올 정도로 매우 인기가 있다.

(2) <u>저의 아들은 더욱 훌륭하게 됩니다</u> 라고 하는데, 그것은 왜인가?

❶ 장사에서 얻은 이익을 아들의 학비로서 보내고 있기 때문에
❷ 아들이 핫도그에 대해서 연구를 하고 있기 때문에
❸ 핫도그의 맛을 평가하는 것으로 아들에게 자극을 줄 수 있기 때문에
❹ 하버드대학에서는 학생의 부모의 직업도 중요하게 생각하고 있기 때문에

(3) 아들이 박사학위를 따서, 고향에 돌아와서 처음 했던 것은 무엇인가?

❶ 가게를 더욱 크게 해서 손님이 많이 들어오도록 해다.
❷ 아버지의 가게를 자신이 경영하기로 했다.
❸ 아버지에게 가게를 위한 어드바이스를 했다.
❹ 가게의 점원의 수를 지금보다 두 배로 했다.

(4) 아들은 마지막에 아버지의 경영 방법에 대해서 어떻게 생각하게 되었는가?

❶ 역시 아버지도 대학에서 경영 공부를 하는 편이 좋다고 생각했다.
❷ 학교에서는 배울 수 없는 오랜 세월의 경험의 소중함을 새롭게 느끼게 되었다.
❸ 학교에서의 공부와 아버지의 경험을 합치는 편이 좋다고 생각했다.
❹ 가게를 적당히 경영하는 것보다 제대로 된 계획을 세워서 하는 편이 좋다고 생각했다.

정답　(1) ❹　(2) ❶　(3) ❸　(4) ❷

어휘　数十年 수십 년　商売 장사　人気 인기　離れる 멀어지다, 떨어지다　お客さん 손님　店 가게　駐車場 주차장　朝早く 아침 일찍　並ぶ 줄서다　以上 이상　待つ 기다리다　買う 사다　店員 점원　忙しい 바쁘다　休む 쉬다　息子 아들　えらい 훌륭하다　実は 실은　稼ぐ 돈을 벌다　都会 도시　勉強 공부　送る 보내다　大都会 대도시　留学 유학　父親 아버지　苦労 고생　一生懸命 열심히　大学 대학　入る 들어가다　経営学 경영학　博士号をとる 박사학위를 받다　喜ぶ 기뻐하다　国 고향　帰る 돌아오다　さかんだ 번성하다　出す 내다　変える 바꾸다　利益 이익　減らす 줄이다　必要 필요　少し 조금　～とおりに ~대로　やり方 방법　過ぎる 지나다　再び 재차　訪ねる 방문하다　がっかりする 실망하다　経る 줄다　理由 이유　笑う 웃다　最近 최근　不景気 불경기　悲しい 슬프다　泣く 울다　経験 경험　習う 배우다　教え 가르침　大事だ 중요하다　努力 노력　もっとも 가장　実業家 실업가　名 이름　知らせる 알려지다

독해

실전
모의테스트

3

해석   '거짓말'은 물론 나쁜 것입니다만, 때와 장소에 따라서는 뭔가 도움이 되는 '좋은 거짓말'도 있습니다. 일본어에는 '거짓말도 방편'이라고 하는 매우 편리한 말도 있습니다.

가장 큰 방편은, 학교 선생님의 '거짓말'이겠죠. 아이에게 용기를 주거나, 힘을 주기 위해 선생님은 일부러 '거짓말'을 하는 경우가 있습니다. 예를 들면, 체육을 잘 못하는 아이에게 '너는 잘해'라고 띄워주거나, 사실은 잘 못하는데, '잘 했군'이라고 칭찬해 주기도 합니다. 그렇게 하면, 아이는 다음에는 열심히 하자라고 생각합니다. 가령, 그것이 거짓말이라고 알고 있어도, 아이에게는 선생님의 마음은 통하는 것입니다.

또, 부모님도 선생님과 똑같이, 아이를 키우는데 있어서, 자주 거짓말을 합니다. 잘 한 것을 칭찬해 주는 것은 당연합니다만, 잘 하지 못했던 것이라도 칭찬하는 편이 좋겠죠.

이처럼 선생님이랑 부모님의 '거짓말'은 교육적으로도 도덕적으로도 인정받는 '거짓말'입니다.

여기에 재미있는 실험이 있으니, 소개하겠습니다.

'초등학교 4학년 중에서 능력이 비슷한 정도의 세 개의 그룹을 만들어, 제 1그룹에게는 항상 칭찬의 말을 하고, 제 2그룹은 항상 꾸짖으며, 제 3그룹은 칭찬도 꾸지람도 하지 않고, 제각각 같은 문제로 덧셈 연습을 시키는 것입니다. 이 실험은 5일 계속되었는데, 그 결과 제 1그룹은 확실히 성적이 상승해 갑니다만, 제 2그룹은 일시적으로는 올라갑니다만 도중에 정체되어 버려 효과가 나타나지 않습니다. 제 3그룹은 3일 째까지는 상승합니다만, 그 뒤는 성적이 내려가기만 했습니다'(相場均(1965)「거짓말의 심리학」강담사 현대신서, 강담사, p93)

이 실험에서도 알 수 있듯이, 아이에게 의욕을 일으키게 하기 위한 거짓말은, 환영받아야만 하겠죠.

정말로 '거짓말도 방편'인 것입니다

(1) '거짓말도 방편'이라는 것은 어떤 의미인가?

❶ 어떤 경우라도 거짓말을 하는 것은 좋은 일은 아니다.

❷ 거짓말은 매우 도움이 되는 것이니까 많이 거짓말을 하는 편이 좋다.

❸ 선생님과 부모님은 특별하기 때문에 때때로 거짓말을 하는 것이 허락된다.

❹ 때와 장소에 따라서는 거짓말도 수단으로 필요하다.

(2) 선생님과 부모님의 '거짓말'에 대해서 어떻게 말하고 있는가?

❶ 좋은 거짓말이라도 나쁜 거짓말이라도 아이를 위해서는 좋지 않다.

❷ 어릴 때부터 거짓말을 가르쳐서는 안되기 때문에 좋지 않다.

❸ 아이에게 자신감을 가지게 하기 위해서는 어느 정도는 필요하다.

❹ 거짓말은 초등학교 때보다, 중학교부터 가르치는 편이 좋다.

(3) 실험에서 알 수 있는 것은 무엇인가?

❶ 제 1그룹에서 알 수 있듯이, 아이에게는 칭찬하는 말만해서는 안 된다.

❷ 제 2그룹에서 알 수 있듯이, 아이에게는 칭찬하거나 꾸짖거나 하는 편이 좋다.

❸ 제 1그룹에서 알 수 있듯이, 아이를 칭찬만 하면 성적은 전혀 오르지 않는다.

❹ 제 2그룹에서 알 수 있듯이, 아이를 꾸짖기만 하면 효과는 없다.

(4) 본문의 내용과 맞는 것은 어느 것인가?

❶ 선생님이랑 부모가 아이에게 하는 거짓말은, 어떤 거짓말이라도 좋은 거짓말이다.

❷ 비록 산수 계산이 늦어도 칭찬해 주는 편이 좋은 것은 실험에서 밝혀졌다.

❸ 아이는 칭찬하는 것보다 엄하게 꾸짖어서 공부시키는 편이 효과가 올라간다.

❹ 선생님이 칭찬해 주어도, 아이는 그것이 거짓말이라는 것을 알아버리기 때문에 거짓말은 역시 하지 않는 편이 좋다.

정답　(1) ❹　(2) ❸　(3) ❹　(4) ❷

어휘　悪い 나쁘다　時 때　場合 경우　〜によって 〜에 따라　役に立つ 도움이 되다　日本語 일본어

うそも方便 거짓말도 방편. 목적을 달성하기 위한 수단으로서 때로는 거짓말을 할 필요가 있다　便利 편리　言葉 말　一番 가장

学校 학교　先生 선생님　勇気づける 용기를 주다　元気をづける 힘을 주다　わざと 일부러　うそをつく 거짓말을 하다

例えば 예를 들면　体育 체육　君 너　上手だ 잘하다　持ち上げる 띄워주다　本当は 사실은　下手だ 잘 못하다

ほめる 칭찬하다　次 다음　がんばる 열심히 하다　かりに 가령　気持ち 마음　通じる 통하다　親 부모　育てる 키우다

〜上で 〜하는데 있어서　当たり前だ 당연하다　教育的 교육적　道徳的 도덕적　認める 인정하다　実験 실험　紹介 소개

能力 능력　作る 만들다　第 제　ほめことば 칭찬하는 말　与える 주다　しかる 꾸짖다　それぞれ 제각각　問題 문제

足し算 덧셈　練習 연습　つづける 계속하다　結果 결과　確実に 확실히　成績 성적　上昇 상승　一時的 일시적

伸びる 늘다　途中 도중　停滞 정체　現れる 나타나다　下がる 내려가다　やる気 의욕　起こす 일으키다　歓迎 환영

まさに 바로　許す 허락하다　手段 수단　程度 정도　算数 산수　計算 계산　明らかだ 명확하다, 밝혀지다

독해

실전
모의테스트

4

해석 할리우드영화에서 하늘을 나는 자동차를 본 적이 있는 사람은 많을 것이다. 이런 종류의 자동차에는 비행기처럼 이륙하고 나는 것을 가능하게 하는 특별한 날개와 강력한 엔진이 붙어 있어 혼잡한 고속도로도 문제가 없다. 사람들은 오랫동안 그런 하늘을 나는 자동차를 꿈꿔왔지만 최근에는 이러한 자동차도 이제 단순한 꿈은 아니다.

최초로 하늘을 나는 자동차의 제작이 시작된 것은 1928년의 일이다. 하지만 처음 만들어진 자동차는 하늘을 날지 못했다. 1956년에는 , 어떤 엔지니어가 에어로 카를 만들었지만, 그것은 매일 사용하기에는 너무 컸고, 2003년이 되어, 마침내 볼・모러 박사라는 이름의 대학 교수가 하늘을 나는 자동차를 만드는 것에 성공했다. 그가 만든 회사는 모러・인터내셔널이라고 하며, 그 곳에서 만든 최초의 하늘을 나는 자동차는 밝은 빨간 색의 M100으로, 똑바로 상승하는 것으로 비행하는 것으로 4명이 탈 수가 있었고, SF영화에 등장하는 자동차 같았다. 또, 2007년에 그의 회사는 M200X라는 이름의 다른 소형의 하늘을 나는 자동차를 만들었다. 그것은 둥글고 파란색이며, 두 사람이 탈 수가 있다.

이러한 하늘을 나는 자동차는 일반적으로 (사용하게) 될까? 대답은 아마 바로는 나오지 않을 것이다. 이유의 하나는, 비싼 비용이다. 5억 엔이라고 하는 가격으로는, 대부분의 사람은 (그러한 자동차를) 살 수 없다.

비록 많은 사람이 하늘을 나는 자동차를 사기 시작했다고 해도, 운전이 어려울 것이다. 해결방법 중 하나로써 텔레비전 게임에서 사용되어지는 컨트롤레버와 같은 종류의 조이스틱을 다는 것이다. 대부분의 사람은 텔레비전 게임의 사용방법을 알고 있기 때문에, 이 조이스틱을 사용하면 비행하는 것은 간단하다고 느낄 것이다. 하늘을 나는 자동차를 지금 바로 주요한 도시의 하늘에서 보는 건 어렵겠지만, 장래에 만일 하늘이 하늘을 나는 자동차로 가득 채워지는 것을 본다고 해도 놀랄만한 것은 아닐 것이다.

(1) 하늘을 나는 자동차에 대해서 바른 것은 어느 것인가?

❶ 혼잡한 도로에서도 곤란한 일은 없다.
❷ 할리우드영화에 등장하는 것만이 된다.
❸ 밤에 꿈 꾸는 것이 된다.
❹ 날개와 엔진에 붙은 비행기와 똑같이 보일 것이다.

(2) 2003년에 무엇이 일어났는가?

❶ 하늘을 나는 자동차의 프로젝트가 실패했다.
❷ 어떤 엔지니어가 M200X이라고 하는 이름의 하늘을 나는 자동차를 만들었다.
❸ 어떤 교육자가 하늘을 나는 자동차를 만들었다.
❹ 에어로 카라고 하는 이름의 회사가 2인용의 하늘을 나는 자동차를 만들었다.

(3) 하늘을 나는 자동차는 왜 아직 일반적이지 않은 것인가?

❶ 대부분의 사람에게 있어서 (구입하기에는) 지나치게 고가이기 때문에
❷ 비행기 회사에만 판매되고 있기 때문에
❸ 사람들은 평소에 타던 자동차를 운전하는 것을 좋아하기 때문에
❹ 사람들은 너무 빨리 날면 멀미를 하기 때문에

(4) 하늘을 나는 자동차를 운전하는 것을 돕기 위해서 어떠한 방법이 있는가?

❶ 기업이 보다 싼 하늘을 나는 자동차를 만든다.
❷ 새로운 종류의 자동차 텔레비전 게임을 생각한다.
❸ 사람들이 비행기의 운전 방법을 배울 수 있게 된다.
❹ 사용하기 편한 컨트롤레버를 자동차에 붙인다.

정답　(1) ❶　(2) ❸　(3) ❶　(4) ❹

어휘　ほとんど 대부분　映画 영화　空飛ぶ車 하늘을 나는 자동차　種 종류　飛行機 비행기　離陸 이륙　可能 가능　特別 특별
つばさ 날개　強力 강력　つく 붙다　混雑 혼잡　高速 고속　道路 도로　問題 문제　長年 오랜 세월　作る 만들다　努力 노력
もはや 이미, 이제　単なる 단순한　夢 꿈　最初 최초　製作 제작　始まる 시작되다

エアロカー 고압의 공기를 분사하여 프로펠러 추력을 이용하여 운항하는 비행체　毎日 매일　使用 사용　博士 박사　名 이름
大学 대학　教授 교수　成功 성공　会社 회사　まっすぐ 똑바로　上昇 상승　色 색　乗る 타다　登場 등장　別 다른　小型 소형
まるい 둥글다　青い 파랗다　一般的 일반적　答え 대답　おそらく 아마　出る 나오다　理由 이유　費用 비용　億円 억 엔
価格 가격　持つ 들다, 가지다　〜ないかぎり 〜않는 한　下がる 내려가다　たとえ 비록　運転 운전　難しい 어렵다
解決 해결　方法 방법　種類 종류　つけくわえる 첨가하다　やり方 방법　簡単だ 간단하다　感じる 느끼다　主要 주요
都市 도시　目にする 보다　将来 장래　おどろく 놀라다　〜べきではない 〜할 만한 것이 아니다

5

해석   중화가는 세계의 거의 모든 나라에서 볼 수 있다. 크기는 하나의 마을을 만들만큼 큰 것에서부터, 10채 정도의 작은 것까지 있다. 북아메리카에는 큰 중화가가 몇 갠가 있는데 벤쿠버나 뉴욕, 샌프란시스코에 있는 것이 잘 알려져 있다. 샌프란시스코에는 아시아 이외의 지역 중 최대의 중화가가 있다.

중화가는 매우 많은 관광객을 불러모은다. 관광객은 중국의 식료품, 미술품, 더 나아가 음악이나 DVD 등으로 가득한 가게를 돌아다니거나 그 구역에 있는 중화풍의 문이나 사원, 건물을 보고 즐긴다. 가장 큰 중화가는 이러한 관광객으로부터 매년 수백 만 달러 이상의 수입을 얻는다.

북아메리카의 중화가는 중국으로부터 온 이민족이 최초로 건너온 장소라고 계속 생각해 왔다. 중국인 이민족인 2세, 3세는 보통 다른 장소에서 생활하고 있지만 중화가에는 많은 우호단체가 있어 상당히 이전에 북아메리카 외의 지역에 가 버린 중국인과 문화적, 상업적인 관계를 유지하고 있다. 이러한 단체는 또 중국과도 관계를 유지하고 있다.

지금의 중화가는 많은 새로운 과제에 직면하고 있다. 시애틀이나 뉴욕의 중화가는 오래된 건물을 고칠 자금을 필요로 하고 있다. 중화가의 주민은, 또 많은 노숙자들(대부분 중국인은 아니다)에 대해서 난처해하고 있다. 노숙자들은 보통 해를 입히는 일은 없지만, 그들의 존재는 중화가의 관광객을 감소시키고 상업적 능력을 저하시켜 버리기 때문이다. 또, 중화가는 관광객으로부터의 수입 외에, 의복이나 장난감 등의 상품을 만드는 소규모의 상업에 의존하고 있지만 오늘날, 그 가격은 동남아시아, 더 나아가서는 중국에서 같은 상품을 만드는 회사의 가격보다도 비싸다.

이러한 과제에 직면했음에도 불구하고, 북아메리카의 중화가의 지도자들은 중화가가 앞으로도 성장을 계속할 것이라고 믿고 많은 중화가를 근대적이고 활기 있게 하기 위해 노력하고 있다. 예를 들면, 북아메리카 최대이고, 가장 전통적인 중화가조차, 세계로 판로를 넓히기 위해서 웹사이트를 가지고 있다.

(1) 관광객이 북아메리카의 중화가를 방문하는 이유의 하나는 무엇인가?
❶ 중국으로부터의 장난감을 팔기 위해
❷ 전통적인 의복을 만들기 위해
❸ 진귀한 건물을 보기 위해
❹ 중국으로부터의 식료품을 팔기 위해

(2) 중국의 우호협회의 기능은 무엇인가?
❶ 아메리카의, 중국인 이외의 사람과 연락을 서로 취하기 위한 것
❷ 북아메리카에 있는 중국인과의 관계를 유지하는 것
❸ 북아메리카 외의 지역에 중화가를 만드는 것
❹ 제각각인 중화가 내의 문화적인 기준을 유지하는 것

(3) 본문에 의하면 몇 몇의 중화가가 직면하고 있는 과제의 하나는 무엇인가?
❶ 중화가의 많은 주민이 노숙자가 되고 있는 것
❷ 중화가의 상품가격이 지나치게 싼 것
❸ 중화가의 회사가 해외의 회사보다 비싼 가격에 상품을 팔고 있는 것
❹ 중화가가 자신들의 웹사이트를 갱신하고 있지 않는 것

(4) 중화가에 대해서 바른 것은 어느 것인가?
❶ 그곳에서 멀어져간 중국인을 많이 불러서 되돌아오게 하고 있다.
❷ 매우 다양한 문화적, 비즈니스적 기능을 가지고 있다.
❸ 동남아시아의 회사에 멋지게 이기고 있다.
❹ 근대적인 장사보다 전통적인 장사를 좋아한다.

정답　(1) ❸　(2) ❷　(3) ❸　(4) ❷

어휘　中華街 중화가　世界 세계　ほとんど 거의　すべて 모든　国 나라　大きさ 크기　町 마을　作る 만들다　軒 채, 집을 세는 단위
小さい 작다　北アメリカ 북아메리카　知られる 알려지다　以外 이외　地域 지역　最大 최대　非常に 매우　多くの 많은
観光客 관광객　呼び寄せる 불러모으다　中国 중국　食料 식료품　美術品 미술품　さらに 더 나아가　音楽 음악　店 가게
回る 돌다　楽しむ 즐기다　区域 구역　門 문　寺院 사원　建物 건물　実際 실제　もっとも 가장　毎年 매년　数百万 수백 만
収入 수입　得る 얻다　移民 이민　最初 처음, 최초　場所 장소　考える 생각하다　世 세　普通 보통　別 다른　暮らす 생활하다
友好 우호　団体 단체　かなり 상당히　前 전　文化的 문화적　商業的 상업적　関係 관계　維持 유지　新ただ 새롭다
課題 과제　直面 직면　古い 오래되다　直す 고치다　資金 자금　必要 필요　住民 주민　ホームレス 노숙자
困る 난처하다, 곤란하다　害 해　およぼす 미치다　存在 존재　能力 능력　低下 저하　衣服 의복　おもちゃ 장난감　商品 상품
作る 만들다　小規模 소규모　依存 의존　価格 가격　東南 동남　同じ 같음　～にもかかわらず ～에도 불구하고
指導者 지도자　今後 앞으로　成長 성장　続ける 계속하다　信じる 믿다　近代的 근대적　活気 활기　～でさえ ～조차
売り込む 물건을 팔다, 판로를 넓히다　持つ 들다, 가지다　訪れる 방문하다　理由 이유　協会 협회　機能 기능
連絡を取り合う 연락을 서로 취하다　呼び起こす 불러서 되돌아오게 하다　打ち勝つ 이기다, 무찌르다　商売 장사
好む 좋아하다

1

右のページのコンピュータ関連のカリキュラムである。下の質問に答えなさい。答えは、
1・2・3・4から最もよいものを一つえらびなさい。

(1) 会社員の杉本さんは、みんなで勉強するより一人でコンピュータについて教えて
　　もらいたいと思っている。また、コンピュータ関連の資格も取りたいと思ってい
　　る。どのカリキュラムを受ければいいか。

❶ レギュラーコースと目的別コース
❷ スタートコースと目的別コース
❸ レギュラーコースと検定コース
❹ スタートコースと検定コース

(2) 会社員のミチ子さんは、部長からメールで仕事を頼まれたが、そのやり方がよく
　　分からない。コンピュータはある程度できるが、この仕事だけはちょっと難しい。
　　どのカリキュラムを受ければいいか。

❶ スタートコース
❷ レギュラーコース
❸ 目的別コース
❹ 検定コース

教室カリキュラム

コース名	内容	授業料
スタートコース	パソコンが全く初めての方で、文字が打てるようになるまでのコースです。 おおよそ、4－5回で、自動的にレギュラーコースに移行します。	1時間 1050円
レギュラーコース	ワードやエクセル、デジカメやインターネット、電子メールなど、いろんなカリキュラムをその方その方に合わせて個別に行っていくコースです。 完全個別指導ですから、ついていけないということはありません。 また、ご希望をお聞きしながら進めてまいりますので、たとえば ● ワードは少し、エクセルを中心に…など ● インターネットと、メールを中心に…など、必要なことをむだなく取得していただけます。	1時間 1575円
目的別コース	お仕事で、困った！ これを何とか完成させないと！ などの場合は、お仕事のファイルを持参していただけましたら、アドバイスさせていただきます。	1時間 3150円
検定コース	コンピュータサービス技能評価試験 3級～1級までを取得するためのコースです。	1時間 1155円 （テキスト代1式 別途必要です）
ブログ作成	ブログを作成したい方。	1時間1890円

初回申込時に申込金が、3150円必要です。テキスト代（1冊1,050円）は別途となります。
作品を保存される場合、フラッシュメモリー1Gを840円で販売しておりますので、ご利用下さい。
（ご自身で用意してくださっても結構です）　※料金はすべて税込みです。

2

右のページは「花みどりの日曜学校」についての説明である。下の質問に答えなさい。

答えは、1・2・3・4から最もよいものを一つえらびなさい。

(1) この日曜学校に参加したい人はどうすればいいか。

❶ 3月22日までに申込書と一万円を直接市役所に持っていく。

❷ 3月22日までに申込書と一万円を出せばいい。

❸ 4月17日までに申込書と一万円を直接市役所に持っていく。

❹ 4月17日までに申込書と一万円を出せばいい。

(2) ガーデニングとクリスマスの飾りたい方を勉強したい人はどうすればいいか。

❶ 第1回と第8回だけ参加する。

❷ 第5回と第8回だけ参加する。

❸ 第1回、第5回と第9回に参加する。

❹ 第1回、第5回と第8回に参加する。

平成23年度「花とみどりの日曜学校」
（福岡市民の方が対象です）

日時	平成23年4月～平成24年3月まで10回開催（年間の受講となります。）
	午前10時～正午まで
場所	福岡市役所ほか
内容	草花などの園芸に関する知識や栽培方法などの講義、実習
定員	30名（申込多数の場合は抽選）
費用	10,000円（10回分の教材費として）
申込方法	3月22日(月)までに、はがきまたはＦＡＸに、住所、氏名(ふりがな)、性別、年齢、電話番号を記入の上、お申し込みください。(福岡市民の方が対象です。)
お申込先	935-0031　福岡市城南3583 福岡市役所「花とみどりの日曜学校」係
	ＦＡＸ　０９２(８９１)４５６７
お問い合わせ	福岡市役所　電話　０９２(８７１)４５６７

実施月日		講義題目
４月１７日	第１回	ガーデニングの基本
５月２９日	第２回	ハーブを育てよう
６月２６日	第３回	観葉植物の管理
７月１０日	第４回	施設見学
９月４日	第５回	ガーデニングを作ろう！
１０月２日	第６回	押し花絵を体験しよう
１１月１３日	第７回	庭木の冬支度をしよう
１２月１１日	第８回	クリスマスを飾ろう
２月５日	第９回	ひまわりを楽しもう
３月４日	第１０回	春を美しくするプランターづくり

3

右のページは料理体験教室の申し込み方法である。下の質問に答えなさい。

答えは、 1・2・3・4から最もよいものを一つえらびなさい。

(1) この体験教室が４月１０日の場合、どうやって申し込むか。

❶ インターネットからは４月６日まで、 ４月８日は電話で
❷ インターネットも電話も４月９日まで
❸ インターネットからは４月７日まで、 ４月９日は電話で
❹ インターネットも電話も４月７日まで

(2) 体験教室に申し込んでからどうすればいいか。

❶ 主催するところから送られる書類をもらって、当日会場へ行って経費を支払う。
❷ 経費を支払ってから書類が来るのを待って、当日会場へ行けばいい。
❸ 自分で書類をもらいに行って、そこで経費を支払い、当日会場へ行けばいい。
❹ 主催するところから送られる書類をもらって経費を支払い、当日会場へ行けばいい。

体験教室開催!

料理初心者向けの2つの新コース、
「お料理はじめての会」「和食基本技術の会」(月1回、1年で修了)が5月に開講します。**男性クラスもあります。**

開講にさきだち、体験教室を開催します。試しに1日だけ、体験してみませんか?

申込方法

ネットから申し込みができるのは開催日の4日前までです。開催日前日の申し込みは電話でどうぞ。

1.

クラスを決めて、申し込む

コースを選び、ご希望の地域をクリックしてください。電話でも申し込みできます。
お友だちの分も一緒に申し込む場合は、お友だちの住所と電話番号も必要です。

⇩

2.

ご案内をお送りします

会場の地図と持ちものなどのご案内、経費の振込用紙、料理教室のパンフレットを、参加日程の2週間前までにご自宅にお送りします。

⇩

3.

経費のお支払い

指定期日までにコンビニか郵便局からお支払いください。ネットでのみ、クレジットカードでのお支払いもできます。

⇩

4.

手続き完了

当日会場でお待ちしています。

＊持ちもの

エプロン、三角巾（バンダナやスカーフでも）、食器をふくためのふきん、ハンドタオル、筆記用具。会費の振込受領書
エプロン・三角巾・ふきんは教室でも販売しています。

실전
모의테스트

4

右のページは、リサイクルショップの案内である。下の質問に答えなさい。答えは、1・2・3・4から最もよいものを一つえらびなさい。

(1) エリカさんは今週の火曜日に引越しをする。なぜなら、会社が火曜日しか休めないからである。それで、要らないものをなるべく、月曜日の夜に捨てるか、リサイクルショップに売ろうとしている。適当な店はどれか。

❶ リサイクルみどりと家具買取.com
❷ リサイクルみどりと東京ガラクタ研究所
❸ 家具買取.com とリサイクル８
❹ 家具買取.com とリサイクルマート

(2) 東京都に住んでいる山田さんは、日曜日に、できれば近くの店で要らないものをリサイクルショップに売ろうとしている。適当な店はどれか。

❶ リサイクルみどりとリサイクルマート
❷ リサイクルマートと東京ガラクタ研究所
❸ 家具買取.com とリサイクルマート
❹ リサイクル８とリサイクルみどり

▶ リサイクルみどり

リサイクルみどりでございます。皆さんによろこんでいただけるサービスをご提案させていただきます。お引越しの際の片付け、お急ぎ、夜間なども対応いたします。お気軽にご連絡ください。

所在地：〒167-0054 東京都杉並区松庵26-27-28（出張買取専門）

営業時間：9時〜２４時

定休日：年中無休

買取方法：出張買取

▶ 古美術＆リサイクル 東京ガラクタ研究所

アンティーク、古物から最新家電まで、お店で売れる物ならばなんでも買います。買取件数５千件以上のスタッフがまいります。ゆびわ、ネックレスなどのジュエリーもおあつかいいたします。

所在地：〒228-0818 神奈川県相模原市上鶴間本町12-25-39

営業時間：12時〜20時（買取電話受付10時〜20時）

定休日：なし

買取方法：出張買取・持込み買取

▶ 家具買取.com

家具買取.comではブランド家具を中心に、家具・インテリア用品などはばひろく買取をしております。

所在地：〒242-0003 神奈川県大和市林間2-1-1（買取り専門で、販売はしておりません）

営業時間：24時間

定休日：年中無休

買取方法：出張買取

▶ リサイクル8　エイト

家電、ギフト、自転車の買取自信あります！

大型品などは出張買取致します。出張、見積りは無料です。お気軽にお問合せ下さい。

所在地：〒144-0031 東京都大田区東蒲田２-３-９　駅ビル1F

営業時間：11時〜21時

定休日：月曜日

買取方法：出張買取・持込み買取

▶ リサイクルマート・ビッグチャンス

現金買取、見積り無料！中古暖房機器の買取・販売ならビッグチャンス！

その他オフィス家具、家電など高く買取致します！お気軽にお問合せ下さい。

所在地：〒124-0022 東京都葛飾区奥戸3-21-17

営業時間：10時〜18時

定休日：日曜日

買取方法：出張買取・持込み買取・宅配買取

5

右のページは、求人広告である。下の質問に答えなさい。答えは、１・２・３・４から
最もよいものを一つえらびなさい。

(1) 今年、高校を卒業した山田エリカさん（女性）が応募できる会社はどれか。

❶ 東京.comとサクラ銀行
❷ サクラ銀行とよどはしカメラ
❸ よどはしカメラと日本建設
❹ サクラ銀行と日本建設

(2) 今年大学を卒業した杉本準一さん（男性）は、海外旅行中、この求人広告をコンピュ
ーターで見た。どの会社にも入りたいが、今すぐ応募できる会社はいくつあるか。

❶ 一つ
❷ 二つ
❸ 三つ
❹ 四つ

東京.com

◎ 募集人員	3人
◎ 資格	男女不問・新卒(大学)
◎ 締め切り	3月 15日〜3月 20日
◎ 応募方法	履歴書と自己紹介書をEメールでお送りください。
◎ 給料	相談して決めます。
◎ 勤務時間	09:00〜18:00 (土日休)

問い合わせ先
03 (3123) 8661
メール : master@tkcom.com

サクラ銀行

◎ 募集人員	5人
◎ 資格	女性の方・高卒
◎ 締め切り	3月 15日〜3月 20日
◎ 応募方法	履歴書と自己紹介書を会社までに持参、または郵便でお送りください。
◎ 給料	相談して決めます。
◎ 勤務時間	09:00〜18:00 (土日休)

問い合わせ先
03 (3272) 0770
メール : jwlee@sakuragk.co.jp

日本建設

◎ 募集人員	10人
◎ 資格	男性の方・大学
◎ 締め切り	3月 15日〜3月 20日
◎ 応募方法	履歴書と自己紹介書をEメールでお送りください。
◎ 給料	相談して決めます。
◎ 勤務時間	08:30〜18:00 (休日は不定期です)

問い合わせ先
03 (3871) 4000
メール : nhks@goo.com

よどはしカメラ

◎ 募集人員	5人
◎ 資格	男女不問・学歴不問
◎ 締め切り	3月 15日〜3月 20日
◎ 応募方法	履歴書と自己紹介書を会社までに持参、または郵便でお送りください。
◎ 給料	相談して決めます。
◎ 勤務時間	09:00〜17:00 (休日は相談して決めます)

問い合わせ先
03 (3546) 2324
メール : yodoka@yodocamera.co.jp

1

오른쪽 페이지의 표는, 컴퓨터관련의 커리큘럼이다. 아래의 질문에 답하세요. 대답은 1·2·3·4에서 가장 적당한 것을 하나 고르세요.

(1) 회사원인 스기모토 씨는, 다같이 공부하는 것보다 혼자서 컴퓨터에 대해서 가르침을 받고싶다고 생각하고 있다. 또 컴퓨터관련 자격도 따고싶다고 생각하고 있다. 어떤 커리큘럼을 받으면 되는가?
❶ 레귤러 코스와 목적별 코스
❷ 스타트 코스와 목적별 코스
❸ 레귤러 코스와 검정 코스
❹ 스타트 코스와 검정 코스

(2) 회사원인 미치코 씨는, 부장님으로부터 메일로 일을 부탁 받았지만, 그 방법을 잘 모른다. 컴퓨터는 어느 정도 할 수 있지만, 이 일만큼은 좀 어렵다. 어떤 커리큘럼을 받으면 되는가?
❶ 스타트 코스
❷ 레귤러 코스
❸ 목적별 코스
❹ 검정 코스

정답 (1) ❸　　(2) ❸

어휘

表 표　関連 관련　会社員 회사원　勉強 공부　教える 가르치다　資格を取る 자격을 따다　受ける 받다
部長 부장　仕事 일　頼む 부탁하다　やり方 하는 방법　分かる 알다　程度 정도　難しい 어렵다
教室 교실　内容 내용　授業料 수업료　全く 전혀　初めて 처음　方 분　文字 문자, 글자　打つ 치다
おおよそ 대략　自動的 자동적　移行 이행　電子 전자　合わせる 맞추다　個別 개별　行う 행하다
完全 완전　指導 지도　希望 희망　進める 진행하다　まいる 오다, 가다　たとえば 예를 들면　少し 조금
中心 중심　必要 필요　むだ 낭비　取得 습득　目的別 목적별　困る 곤란하다, 난처하다　完成 완성
場合 경우　持参 지참　検定 검정　技能 기능　評価 평가　試験 시험　級 급　作成 작성　初回 첫 회
申込時 신청 시　〜代 ~대금　冊 권　別途 별도　作品 작품　保存 보존　販売 판매　利用 이용
ご自身で 스스로　用意 준비　結構だ 충분하다　料金 요금　税込み 세금포함

교실커리큘럼

코스명	내용	수업료
스타트 코스	PC가 완전히 처음인 분으로, 글자를 칠 수 있도록 될 때까지의 코스입니다. 대략 4~5번으로, 자동적으로 레귤러 코스로 올라갑니다.	1 시간 1050 엔
레귤러 코스	워드나 엑셀, 디지털 카메라랑 인터넷, 전자메일 등, 여러 커리큘럼을 한 사람 한 사람에게 맞춰서 개별로 진행되는 코스입니다. 완전개별지도이기 때문에 못 따라가는 경우는 없습니다. 또, 희망하시는 것을 들으면서 진행해 가기 때문에, 예를 들면 ● 워드는 조금, 액셀을 중심으로…등 ● 인터넷과 메일을 중심으로…등, 필요한 것을 시간의 낭비 없이 습득할 수 있습니다.	1 시간 1575 엔
목적별 코스	일할 때 난처했다! 이것을 어떻게든 완성하지 않으면! 등의 경우는 일할 때 쓰는 파일을 지참해 주신다면 어드바이스를 하겠습니다.	1 시간 3150 엔
검정 코스	컴퓨터 서비스 기능평가시험 3급 ~ 1급까지를 습득하기 위한 코스입니다.	1 시간 1155 엔 (교과서비 1 식 별도 필요합니다)
블로그 작성	블로그를 작성하고 싶은 분	1 시간 1890 엔

처음 신청 시에는 신청금이, 3150 엔 필요합니다. 교과서 대금(1 권 1,050 엔)은 별도입니다.
작품을 보존하실 경우, 플래시 메모리 1 G를 840 엔으로 판매하고 있으니 이용해 주세요.
(스스로 준비해 주셔도 됩니다) ※요금은 전부 세금포함입니다.

2

오른쪽 페이지는 「꽃과 자연의 일요학교」에 대한 설명이다. 아래의 질문에 답하세요.

대답은 1・2・3・4에서 가장 적당한 것을 하나 고르세요.

(1) 이 일요학교에 참가하고 싶은 사람은 어떻게 하면 되는가?

❶ 3월 22일까지 신청서와 만 엔을 직접 시청에 들고 간다.
❷ 3월 22일까지 신청서와 만 엔을 제출하면 된다.
❸ 4월 17일까지 신청서와 만 엔을 직접 시청에 들고 간다.
❹ 4월 17일까지 신청서와 만 엔을 제출하면 된다.

(2) 정원 만들기와 크리스마스의 장식하는 방법을 공부하고 싶은 사람은 어떻게 하면 되는가?

❶ 제 1 회와 제 8 회만 참가한다.
❷ 제 5 회와 제 8 회만 참가한다.

정답 (1) ❷ (2) ❹

어휘

日曜 일요일　学校 학교　参加 참가　申込書 신청서　直接 직접　市役所 시청　持つ 들다, 가지다
出す 제출하다　ガーデニング 원예, 정원 만들기　飾る 장식하다　勉強 공부　市民 시민　方 분　対象 대상
日時 일시　平成 평성, 일본의 연호　開催 개최　年間 연간　受講 수강　午前 오전　正午 정오　場所 장소
ほか 외　内容 내용　草花 풀과 꽃　園芸 원예　関する 관하다　知識 지식　栽培 재배　方法 방법
講義 강의　実習 실습　定員 정원　多数 다수　抽選 추첨　費用 비용　教材費 교재비　住所 주소
氏名 성명　ふりがな 한자의 읽기　性別 성별　年齢 연령　電話番号 전화번호　記入 기입
お申込先 신청처　係 담당　お問い合わせ 문의　実施 실시　月日 날짜　題目 제목　基本 기본
育てる 키우다　観葉 관엽　植物 식물　管理 관리　施設 시설　見学 견학　作る 만들다
押し花絵 눌러 말린 꽃으로 그린 그림　庭木 정원수　冬 겨울　支度 준비　ひまわり 해바라기
楽しむ 즐기다　春 봄　美しい 아름답다　プランター 풀과 꽃의 재배에 사용되는 용기

헤이세이 23년도 「꽃과 자연의 일요학교」
(후쿠오카 시민 분이 대상입니다)

일시   평성23년 4월 ~ 평성24년 3월까지 10회 개최(연간 수강이 됩니다.)
         오전10시 ~ 정오까지
장소   후쿠오카 시청 외
내용   풀과 꽃 등의 원예에 관한 지식이나 재배방법 등의 강의, 실습
정원   30명(신청 다수의 경우는 추첨)
비용   10,000 엔(10회분의 교재비로서)
신청방법   3월 22일(월)까지 엽서 또는 FAX로 주소, 성명(읽기), 성별, 연령, 전화번
         호를 기입한 후, 신청해 주세요.(후쿠오카 시민분이 대상입니다.)
신청처   935-0031   후쿠오카시 죠난3583 후쿠오카 시청 「꽃과 자연의 일요학교」담당
         FAX   092 (891) 4567
문의처   후쿠오카 시청   전화   092 (871) 4567

실시 월일		강의 제목
4 월 17일	제 1 회	정원 만들기 기본
5 월 29일	제 2 회	허브를 키우자
6 월 26일	제 3 회	관엽식물의 관리
7 월 10일	제 4 회	시설견학
9 월 4 일	제 5 회	정원을 만들자!
10월 2 일	제 6 회	눌러 말린 꽃으로 그린 그림을 체험하자
11월 13일	제 7 회	정원수의 겨울 준비를 하자
12월 11일	제 8 회	크리스마스를 장식하자
2 월 5 일	제 9 회	해바라기를 즐기자
3 월 4 일	제10회	봄을 아름답게 하는 화분 만들기

3

오른쪽 페이지는 요리 체험교실의 신청 방법이다. 아래의 질문에 답하세요.

대답은 1・2・3・4에서 가장 적당한 것을 하나 고르세요.

(1) 이 체험교실이 4월 10일인 경우, 어떻게 신청하는가?

❶ 인터넷에서는 4월 6일까지, 4월 8일은 전화로
❷ 인터넷도 전화도 4월 9일까지
❸ 인터넷에서는 4월 7일까지, 4월 9일은 전화로
❹ 인터넷도 전화도 4월 7일까지

(2) 체험교실에 신청하고 나서 어떻게 하면 되는가?

❶ 주최하는 곳에서 보내진 서류를 받고, 당일 회장에 가서 경비를 지불한다.
❷ 경비를 지불하고 나서 서류가 오는 것을 기다려, 당일 회장에 가면 된다.

정답 (1) ❸　(2) ❹

어휘

体験 체험　教室 교실　場合 경우　申し込む 신청하다　電話 전화　主催 주최　送る 보내다　書類 서류

当日 당일　会場 회장　経費 경비　支払う 지불하다　待つ 기다리다　開催 개최　料理 요리

初心者 초보자　～向け ～용　新 신　はじめて 처음으로　会 모임　和食 일식　基本 기본　技術 기술

月 달　修了 수료　開講 개강　男性 남성　～にさきだち ～에 앞서　試し 시험　方法 방법

開催日 개최일　前日 전일　決める 정하다　選ぶ 선택하다　希望 희망　地域 지역　分 몫　一緒に 함께

場合 경우　住所 주소　電話番号 전화번호　必要 필요　案内 안내　地図 지도　持ちもの 소지품

経費 경비　振込 계좌이체　用紙 용지　参加 참가　日程 일정　週間 주일　自宅 자택　指定 지정

期日 기일　郵便局 우체국　のみ 만　手続き 수속　完了 완료　待つ 기다리다　エプロン 앞치마

三角巾 삼각두건　バンダナ 홀치기 염색의 대형 손수건　食器 식기　ふく 닦다　ふきん 행주　筆記 필기

用具 용구

체험교실 개최 !

요리 초보자용의 두 개의 신 코스.
「요리가 처음인 분의 모임」「일식기본 기술의 모임」(월 1 회、1 년으로 수료)이 5 월에
개강합니다. **남성클래스**도 있습니다.

개강에 앞서, 체험교실을 개최합니다. 시험삼아 하루만, 체험해 보지 않겠습니까?

신청방법
인터넷에서 신청을 할 수 있는 것을 개최일의 4일 전까지입니다. 개최일 전일의 신청
은 전화로 해 주세요.

1.
클래스를 정해서 신청한다
코스를 선택하여 희망하는 지역을 클릭해 주세요. 전화라도 신청할 수 있습니다.
친구 몫도 함께 신청하는 경우는 친구의 주소와 전화번호도 필요합니다.

⇩

2.
안내를 보내드립니다
회장의 지도와 소지품 등의 안내, 경비의 계좌이체용지, 요리교실의 팜플렛을, 참가
일정의 2주일 전까지 자택으로 보내드립니다.

⇩

3.
경비의 지불
지정기일까지 편의점이나 우체국에서 지불해 주세요. 인터넷에서만 신용카드로 지불
도 가능합니다.

⇩

4.
수속완료
당일 회장에서 기다리고 있겠습니다.

* 소지품
앞치마, 삼각두건(대형손수건이나 스카프라도 상관없음), 식기를 닦기 위한 행주, 핸
드타월, 필기용구. 회비의 계좌이체 수령서
앞치마 • 삼각두건 • 행주는 교실에서도 판매하고 있습니다.

4

오른쪽 페이지는 재활용가게의 안내이다. 아래의 질문에 답하세요. 대답은 1・2・3・4에서 가장 적당한 것을 하나 고르세요.

(1) 에리카 씨는 이번 주 화요일에 이사를 한다. 왜냐하면, 회사가 화요일밖에 쉬지 않기 때문이다. 그래서, 필요 없는 것을 가능한 한, 월요일 밤에 버리던가, 재활용가게에 팔려고 하고 있다. 적당한 가게는 어느 것인가?

❶ 리사이클 미도리와 가구매입.com
❷ 리사이클 미도리와 도쿄 잡동사니 연구소
❸ 가구매입.com과 리아시클 8
❹ 가구매입.com과 리사이클 마트

(2) 도쿄도에 살고 있는 야마다 씨는, 일요일에, 가능하면 가까운 가게에서 필요 없는 것을 재활용가게에 팔려고 하고 있다. 적당한 가게는 어느 것인가?

❶ 리사이클 미도리와 리사이클 마트
❷ 리사이클 마트와 도쿄 잡동사니 연구소
❸ 가구매입.com과 리사이클 마트
❹ 리아시클 8과 리사이클 미도리

정답 (1) ❶ (2) ❹

어휘

案内 안내　今週 이번 주　火曜日 화요일　引越し 이사　会社 회사　休む 쉬다　要らない 필요 없다
なるべく 가능한 한　捨てる 버리다　売る 팔다　適当 적당　店 가게　住む 살다　日曜日 일요일
近く 근처　〜でございます＝〜です 〜입니다　皆さん 여러분　よろこぶ 기뻐하다　提案 제안
동사사역형 + ていただく 겸양표현(〜하겠다)　際 때　片付け 정리　急ぐ 서두르다　夜間 야간
対応 대응　気軽だ 부담 없다　連絡 연락　所在地 소재지　出張 출장　買取 매입　専門 전문　営業 영업
定休日 정기휴일　年中無休 연중무휴　方法 방법　古美術 고미술　ガラクタ 잡동사니　研究所 연구소
アンティーク 엔틱　古物 옛 물건　最新 최신　家電 가전　件数 건수　以上 이상　まいる 가다, 오다
ゆびわ 반지　ネックレス 목걸이　ジュエリー 보석　あつかう 취급하다　受付 접수　なし 없음
持込み 가져옴　家具 가구　中心 중심　用品 용품　はばひろい 폭 넓다　販売 판매　自転車 자전거
ギフト 상품권　自信 자신(감)　大型品 대형품　致す 「する(하다)」의 겸양어　見積もり 견적　無料 무료
お問合わせ 문의　現金 현금　中古 중고　暖房 난방　機器 기기　他 외

▶ 리사이클 미도리

리사이클 미도리입니다. 여러분이 기뻐하실 만한 서비스를 제공하겠습니다. 이사하실 때의 정리, 급한 일, 야간 등에도 가능합니다. 부담 없이 연락주세요.
소재지 : 〒167-0054 도쿄도 스기나미구 쇼안 26-27-28 (출장매입전문)
영업시간 : 9시~24시
정기휴일 : 연중무휴
매입방법 : 출장매입

▶ 고미술＆리사이클 도쿄 잡동사니 연구소

엔틱, 옛 물건에서 최신 가전까지 가게에서 팔 수 있는 물건이라면 뭐든지 삽니다. 매입 건수 5천 건 이상의 직원이 찾아갑니다. 반지, 목걸이 등의 보석도 취급합니다.
소재지 : 〒228-0818 카나가와 현 사가미하라시 카미츠루마혼쵸 12-25-39
영업시간 : 12시~20시(매입전화접수 10시~20시)
정기휴일 : 없음
매입방법 : 출장매입 • 가져오면 매입

▶ 가구매입.com

가구매입.com에서는 브랜드 가구를 중심으로, 가구 • 인테리어 용품 등은 폭넓게 매입하고 있습니다.
소재지 : 〒242-0003 카나가와 현 야마토시 린칸 2-1-1(매입전문으로, 판매는 하지 않습니다)
영업시간 : 24時間
정기휴일 : 연중무휴
매입방법 : 출장매입

▶ 리사이클8　에이트

가전, 상품권, 자전거의 매입 자신 있습니다!
대형품 등은 출장매입합니다. 출장, 견적은 무료입니다. 부담없이 문의해 주세요.
소재지 : 〒144-0031 도쿄도 오타구 히가시가마타 2-3-9 역 건물 1층
영업시간 : 11시~21시
정기휴일 : 월요일
매입방법 : 출장매입 • 가져오면 매입

▶ 리사이클 마트 • 빅찬스

현금매입. 견적무료! 중고난방기기의 매입 • 판매라면 빅찬스!
그 외 사무가구, 가전 등 비싸게 매입합니다! 부담없이 문의해 주세요.
소재지 : 〒124-0022 도쿄도 카츠시카 구 오쿠도 3-21-17
영업시간 : 10시~18시
정기휴일 : 일요일
매입방법 : 출장매입 • 가져오면 매입 • 택배매입

5

오른쪽 페이지는 구인광고이다. 아래의 질문에 답하세요.

대답은 1・2・3・4에서 가장 적당한 것을 하나 고르세요.

(1) 올해 고등학교를 졸업한 야마다 에리카 씨(여성)이 응모할 수 있는 회사는 어느 것인가?

❶ 도쿄.com과 사쿠라 은행
❷ 사쿠라 은행과 요도하시 카메라
❸ 요도하시 카메라와 일본건설
❹ 사쿠라 은행과 일본건설

(2) 올해 대학을 졸업한 스기모토 준이치 씨(남성)는 해외여행 중, 이 구인광고를 컴퓨터에서 보았다. 어떤 회사라도 들어가고 싶지만, 지금 바로 응모할 수 있는 회사는 몇 개 있는가?

❶ 한 개
❷ 두 개

정답 (1) ❷ (2) ❷

어휘

今年 올해　高校 고등학교　卒業 졸업　女性 여성　応募 응모　会社 회사　大学 대학　男性 남성　海外 해외
旅行中 여행 중　求人 구인　広告 광고　入る 들어가다　募集 모집　人員 인원　資格 자격　男女 남녀
不問 불문　新卒 신졸　大卒 대졸　締め切り 마감　応募 응모　方法 방법　履歴書 이력서
自己紹介書 자기소개서　送る 보내다　給料 급료　相談 상담　決める 정하다　休日 휴일　勤務 근무
問い合わせ先 문의처　方 분　高卒 고졸　持参 지참　郵便 우편

156

<table>
<tr><td colspan="2">

도쿄.com

</td></tr>
<tr><td>◎ 모집인원</td><td>3명</td></tr>
<tr><td>◎ 자격</td><td>남녀불문 • 신졸(대학)</td></tr>
<tr><td>◎ 마감</td><td>3월 15일~3월 20일</td></tr>
<tr><td>◎ 응모방법</td><td>이력서와 자기소개서를 E메일로 보내주세요.</td></tr>
<tr><td>◎ 급료</td><td>상담 후 결정</td></tr>
<tr><td>◎ 근무시간</td><td>09:00 ~18:00(토일 휴)</td></tr>
</table>

문의처

03 (3123) 8661

메일 : master@tkcom.com

<table>
<tr><td colspan="2">

사쿠라은행

</td></tr>
<tr><td>◎ 모집인원</td><td>5명</td></tr>
<tr><td>◎ 자격</td><td>여성분 • 고졸</td></tr>
<tr><td>◎ 마감</td><td>3월 15일~3월 20일</td></tr>
<tr><td>◎ 응모방법</td><td>이력서와 자기소개서를 회사까지 지참, 또는 우편으로 보내주세요.</td></tr>
<tr><td>◎ 급료</td><td>상담 후 결정</td></tr>
<tr><td>◎ 근무시간</td><td>09:00 ~15:00(토일 휴)</td></tr>
</table>

문의처

03 (3272) 0770

메일 : jwlee@sakuragk.co.jp

<table>
<tr><td colspan="2">

일본건설

</td></tr>
<tr><td>◎ 모집인원</td><td>10명</td></tr>
<tr><td>◎ 자격</td><td>남성분 • 대졸</td></tr>
<tr><td>◎ 마감</td><td>3월 15일~3월 20일</td></tr>
<tr><td>◎ 응모방법</td><td>이력서와 자기소개서를 E메일로 보내주세요.</td></tr>
<tr><td>◎ 급료</td><td>상담 후 결정</td></tr>
<tr><td>◎ 근무시간</td><td>08:30 ~18:00 (휴일은 부정기)</td></tr>
</table>

문의처

03 (3871) 4000

메일 : nhks@goo.com

<table>
<tr><td colspan="2">

요도하시 카메라

</td></tr>
<tr><td>◎ 모집인원</td><td>5명</td></tr>
<tr><td>◎ 자격</td><td>남녀불문 • 학력불문</td></tr>
<tr><td>◎ 마감</td><td>3월 15일~3월 20일</td></tr>
<tr><td>◎ 응모방법</td><td>이력서와 자기소개서를 회사까지 지참, 또는 우편으로 보내주세요.</td></tr>
<tr><td>◎ 급료</td><td>상담 후 결정</td></tr>
<tr><td>◎ 근무시간</td><td>09:00 ~17:00 (휴일은 상담 후 결정)</td></tr>
</table>

문의처

03 (3546) 2324

메일 : yodoka@yodocamera.co.jp

실전 모의테스트

問題4　つぎの文章を読んで、質問に答えなさい。答えは、1・2・3・4から最もよいものを
一つえらびなさい。

　　友だちのエリカは数学にとても強い。いつもすべての数学のテストでトップの成
績を取る。このごろ、エリカはどんな仕事がしたいか考えている。会計士や数学の
先生、あるいは科学者になることを考えている。これらの仕事はすべて数学を扱う
からだ。エリカは、このような種類の仕事についてさらに調べてでいる。

1　エリカは将来何をするつもりか。

① 現在の仕事を変える。

② 先生の話を聞いてから決める。

③ 数学を使う仕事をする。

④ 大学院にすすむ。

　多くの人々は車の排気ガスが環境にあたえる被害を心配している。イギリスでは、どうやって車を利用する回数を減らすかについて、政府が無料でアドバイスを始める。アドバイザーを申し込んだ人々の家庭や会社に行き、バスの路線や、自転車やバス、電車利用のいいところについて話をするそうだ。このように世界は、環境を守るために努力しているのだ。

2 イギリス政府は人々に何を勧めるつもりか。
　① 電車を無料で利用すること
　② 自転車を売ること
　③ 車の利用を減らすこと
　④ 安い自動車を買うこと

독해

실전
모의테스트

　大好きなバンドがコンサートを行うと聞き、サチコはチケットを買うことにした。しかし、仕事の後、サチコがチケット売り場に行くと、チケットは売り切れたと言われた。そこでインターネットで買おうとしたが人気のあるバンドだったので買うことができなかった。その夜、友だちのエリカからサチコに電話があった。エリカはコンサートのチケットを2枚買っており、一緒に行かないかとサチコをさそった。サチコはとてもよろこんだ。

3 なぜサチコはよろこんだのか。
① 結局コンサートへ行けることになったから
② 友だちからパーティーに招待されたから
③ チケット売り場で安いチケットを手に入れたから
④ 友だちがインターネットでチケットが買えたから

　サトミとミチコは、先月アパートへ引っ越した。アパートは大きくて日当たりもよかった。でも台所の壁紙と床のタイルは古くて、取り替える必要があった。二人はお金を節約するため、業者にお金を払ってやってもらう代わりに自分たちで台所を修繕することにした。二人は週末に何回か一生懸命作業して、とてもすてきな台所に仕上げた。

4 どのようにしてサトミとミチコはお金を節約したか。
　❶ 週末にアルバイトをすることによって
　❷ 新しいアパートへ引っ越すことによって
　❸ 安い床タイルと壁紙を買うことによって
　❹ 自分たちで台所の作業をすることによって

 つぎの文章を読んで、質問に答えなさい。答えは、1・2・3・4から最もよいものを一つ選びなさい。

　日本には、昔から年に二回贈り物をする習慣があります。夏のお中元と年暮れのお歳暮です。この時期が来ると、私と妻は何を贈ったらいいのかで①頭が痛くなります。だれに贈ったらいいか、何を贈ったらいいかで、いつもあれこれ悩んでしまうからです。私は会社に入ったばかりですから、贈り物をする人もあんまりいないです。だいたい、会社の上司、先輩、妻の実家と私の両親で、数えても十個にもなりません。また、贈り物にそんなにお金をかけられないから普通の物を買います。それなのに、買い物に行くと、選ぶのに、何時間もかかってしまうのです。

　例えば、酒の好きな上司にビールを贈ろうとすると、酒を贈ってもご主人は喜ぶかもしれないが、奥さんのほうは喜ばないだろうと妻が言います。それで、妻が缶づめのセットにしようと言うと、缶づめはほかの人もたくさん贈ってくれるから、贈り物が缶づめばかりになって相手が困るだろうと私が言います。すると、妻もじっくり考えてから缶づめのセットは、贈り物というより②ありがた迷惑だと妻が言います。こうして何時間もあれがいいこれがいいと迷いつづけてしまうのです。お中元とお歳暮は年二回で、お世話になった人々にお礼をあげるいい習慣ですが、そのため、デパートをうろうろするのも私たち夫婦の年二回の習慣です。

5 ①「頭が痛くなります」とあるが、それはどうしてか。
　❶ いくらくらいの物を贈ったらいいのかで悩んでしまうから
　❷ いつ贈り物をすればいいのか全然分からないから
　❸ どんな物をだれに贈ったらいいのか迷ってしまうから
　❹ 妻と贈り物をするかどうかでいつもけんかしてしまうから

6 男の人は、上司に缶づめを贈るのをどうして反対しているか。
　❶ とても安いので相手のほうが喜ばないだろうから
　❷ ほかの人も同じ贈り物をするかもしれないから
　❸ 缶づめはだれの家でもたくさん持っている物だから
　❹ 上司の奥さんが、缶づめがとてもきらいだから

7 「②ありがた迷惑」はどういう意味か。
　❶ 贈り物をもらってたいへんうれしい。
　❷ 贈り物をもらってうれしいけれど困る。
　❸ 贈り物をもらってもうれしくもないし困ることもない。
　❹ 贈り物をもらっても全然うれしくない。

あなたは人生をどう思いますか。

　ある日のことです。野村という人が王様に呼ばれて、王様がいるところに行くようになりました。その時はだいたい、王様に呼ばれる自体がとても怖いことだったようです。それで野口さんは、自分といちばん親しいと思っていた友だちである杉本さんにこのことを言いました。すると、杉本さんは「一緒に行ってあげたいが、母が病気なので行けそうもないんだ。ごめんね」と言いました。野村さんはがっかりして二番目の友だちの田中さんに言ってみました。すると、田中さんは「王様の住んでいるところまでは一緒に行けるけどそれ以上は困るよ」と言いました。それなら何の意味もないと思って野村さんは結局一人で行くことにしました。その時、そんなに親しくもない高橋さんが、「おーい君、何か悩みでもあるのかい」と聞いてみました。それで野村さんが何の期待もなく「王様に呼ばれて、王様がいるところまで行かなきゃならないんだ」と言ったら、高橋さんはすぐに「それじゃ、ぼくと一緒に行こうよ。お前はまじめな人間だから何のこともないだろう」と言いながら…。

　さあ、みなさん。これは何の話でしょうか。いちばん親しい友だちである杉本さんはお金を意味するのです。人生でいちばん大事だと思っているものはあなたが死んでしまうと絶対ついて来ないことを言うのです。二番目の友だちは親類のことを意味します。なぜなら、あなたが死んだ時、墓の前まで来て悲しんではくれるけれど、それ以上は何もできません。それでは、三番目の友だちは何を意味するのでしょうか。それはあなたの名前でしょう。あなたがふだん、あんまり大事だなと思っていない名前は、あなたが死んでしまっても最後まで残ってあなたがどんな人だったのか人々の口にのぼるでしょう。

　みなさんはこの三つの中からどんな物を選んで生きていくべきかがわかるでしょう。

8 筆者がいちばんの友だちをお金に比べたのはなぜか。
1. みんなが大事だと思っているだし、最後まで一緒にいてくれるから
2. 人生ですぐには役に立つが、最後までは一緒にしないから
3. いちばん親しい友だちはお金と同じぐらい大事な存在だから
4. お金がないと友だちもついて来ないし、生活もできないから

9 筆者は、二番目の友だちはなぜ親類だと言っているか。
1. 自分の命を助けるために、人々にいろんなことをするから
2. 自分が死んでからも自分のためにいろんなことをしてくれるから
3. 親類はだれでもいつも自分の幸せを祈ってくれるから
4. 自分の死を悲しんではくれるが、そのあとは何もないから

10 ここでいう「王様」は何を意味しているか。
1. 友だち
2. お金
3. 死
4. 自分

 つぎの文章を読んで、質問に答えなさい。答えは、1・2・3・4から最もよいものを
一つ選びなさい。

　　4月にタイを訪れる外国人はおどろくべきものを目にするかもしれない。タイ
の人々は普通おだやかで親切である。しかし、この時期、彼らがバケツやドラ
ム缶を使ってお互いに水をかけ合っているところが目撃できるかもしれないから
だ！水合戦(注1)は首都バンコクからもっとも小さな村まで、国中の村で行われる。
観光客には、おそらく国中が一つの大きな水戦争をしているように見えるからで
あろう。外国人はしばしばこれを「水祭り」と呼ぶ。この祭りの期間中には観光客も
びしょぬれ(注2)になるかもしれないので注意したほうがよい。

　　しかし、水祭り（タイ語ではソンクラーン）は単なる水合戦ではない。タイでも
っとも一般的な宗教は仏教で、ほとんどの人々が仏教を信じている。祭りはタイ
の新年の間に行われ、祭りの重要な要素は僧侶(注3)の話を聞くことである。僧侶は
タイの人々が肉体と精神を浄化する手助けをするが、水はそれと同じく、物体を
清める(注4)ものなのである。

　　ソンクラーンはタイの人々が自分の家、お寺、体を清めるために水をかける行
事ある。祭りの初日には、ブダシーンと呼ばれる博物館所蔵の仏像がおおぜいの
人々によって選ばれ、タイ人はそれを清めるために水をかける。また、祭りのと
きには族の年長者から助言も受ける。

　　ソンクラーンの期間中にタイにやってくる観光客は多くのさまざまな行事にも
参加することができる。この中には、美しい伝統的な衣装を着たタイ人による民
族舞踊(注5)もある。珍しいタイの美術展示もこの時期によく行われ、さまざまな伝
統的なタイ料理（ソンクラーンのために特別に作られたもの）も国中のレストラン
で食べられる。ソンクラーンは単なる水合戦ではない。タイを訪れる外国人はソ
ンクラーンは単なる水合戦ではないということを知っておくべきである。

（注1）水合戦（みずがっせん）：水をこぼしたりこぼされたりして戦うこと
（注2）びしょぬれ：すっかりぬれてしまうこと
（注3）僧侶（そうりょ）：出家して仏道を修行する人
（注4）清める（きよ）：きれいにする
（注5）舞踊（ぶよう）：おどり

11 ソンクラーン祭りについて正しいのはどれか。
  ❶ 多くのタイ人は旅行に行くことを楽しみにしている。
  ❷ 人々に水をかけたりしてはいけない。
  ❸ 観光客は大都市に入ることはできない。
  ❹ 旅行者はぬれることに注意すべきである。

12 僧侶はソンクラーンの間、何をするか。
  ❶ ほかの僧侶に水をかける。
  ❷ ブダシーンの仏像を作る。
  ❸ タイの人々が体と心をきれいにするのを手助けする。
  ❹ タイの国内中の家族を訪れる。

13 ソンクラーンと祭りについて正しいのはどれか。
  ❶ タイ人が家をきれいにすることでお金をかせぐことができる。
  ❷ 年長者が家族に助言をする。
  ❸ タイ人が国のために特別な仏像を建設する。
  ❹ 若者が年長者に水をかける。

14 本文の内容と合っているのはどれか。
  ❶ 水をかけるのは祭りの一部分にすぎない。
  ❷ タイ人はその祭りを楽しんでいない。
  ❸ その行事は外国人を迎える方法である。
  ❹ その祭りのために水が使えなくなる。

問題7 右のページは、「城南区役所の公開講座」の案内である。これを読んで、下の質問に
答えなさい。答えは、１・２・３・４から最もよいものを一つえらびなさい。

15 銀行員の田中さんはいつも６時に会社が終わるので、平日の６時以降から講
座を受けることができる。でも、土曜日と日曜日はたまに会社で仕事がある
ので講座を受けることができない。また、すべての費用を含めて４千円以下
で受けられる講座を探している。田中さんが受けられる講座はいくつあるか。

❶ ２つ
❷ ３つ
❸ ４つ
❹ ５つ

16 主婦のエリカさんは、火曜日と水曜日はアルバイトのため時間がない。でも、
ほかの曜日（土日はできない）は時間があるので、10時から16時まで講義を受
けることにした。エリカさんは10月15日まではほかにやることがあるので講
座を受けることができない。エリカさんの条件に合う講座はどれか。

❶ インテリア
❷ 水泳教室
❸ おすし作り
❹ 英会話

城南区役所の公開講座のご案内

	講座名	曜日	時間	回数	期間・対象	受講料
1	英会話	土	10:00～13:00	8	10/15～12/14 初級から始まる	3,500円 *教材費は含む
2	弁当づくり	水	14:00～15:30	4	10/01～10/31 男女不問	4,000円 *食材費は1000円（別途）
3	ビジネスマナー	月水	19:00～20:30	4	11/01～11/30 会社員ならどなたでも	2,000円 *教材費は1500円（別途）
4	ゴルフ教室	土日	14:00～16:00	8	10/25～11/24 どなたでも受講可	5,000円
5	おすし作り	平日	15:00～17:00	5	10/20～10/26	4,000円 *材料費は1000円（別途）
6	テニス教室	土	10:00～12:00	8	10/09～12/10 基礎から高級まで可	4,000円
7	インテリア	木	14:00～16:00	8	10/15～12/14 主婦ならどなたでも	4,500円 *教材費は500円（別途）
8	水泳教室	木金	06:30～20:00	20	10/17～12/16	6,500円
9	カラオケ	金日	19:00～20:30	4	11/20～12/19	3,500円
10	韓国語教室	水木	19:30～21:30	16	10/1～11/30 どなたでも	3,000円 *教材費は500円（別途）
11	読書教室	日	10:00～12:00	4	10/20～11/19	4,500円 *教材費は含む
12	生け花	土	10:00～12:00	4	10/15～11/14	3,000円 *材料費は1000円（別途）

독해

실전 모의테스트

독해 정답

1 ❸	2 ❸	3 ❶	4 ❹	5 ❸	6 ❷
7 ❷	8 ❷	9 ❹	10 ❸	11 ❹	12 ❸
13 ❷	14 ❶	15 ❶	16 ❷		

문제4 다음 글을 읽고 질문에 대한 대답으로 가장 적당한 것을 1·2·3·4에서 하나 고르세요.

　友だちのエリカは数学にとても強い。いつもすべての数学のテストでトップの成績を取る。このごろ、エリカはどんな仕事がしたいか考えている。会計士や数学の先生、あるいは科学者になることを考えている。これらの仕事はすべて数学を扱うからだ。エリカは、このような種類の仕事についてさらに調べている。

　친구인 에리카는 수학에 매우 강하다. 항상 모든 수학 테스트에서 톱의 성적을 항상 얻는다. 요즘, 에리카는 어떤 일을 하고 싶은지 생각하고 있다. 회계사나 수학 선생님, 혹은 과학자가 되는 것을 생각하고 있다. 이러한 일은 전부 수학을 다루기 때문이다. 에리카는, 이러한 종류의 일에 대해서 더 한층 조사하고 있다.

1 에리카는 장래 무엇을 할 생각인가?
　❶ 현재의 일을 바꾼다.
　❷ 선생님의 이야기를 듣고 나서 정한다.
　❸ 수학을 사용하는 일을 한다.
　❹ 대학원에 진학한다.

정답 ❸

어휘
数学 수학　強い 강하다　すべての 모든　成績 성적
取る 얻다, 취하다　仕事 일　考える 생각하다　会計士 회계사
あるいは 혹은　科学者 과학자　扱う 취급하다　日 날
選ぶ 선택하다　種類 종류　学ぶ 배우다　将来 장래　現在 현재
変える 바꾸다　決める 정하다　大学院 대학원
すすむ 진학하다

　多くの人々は車の排気ガスが環境にあたえる被害を心配している。イギリスでは、どうやって車を利用する回数を減らすかについて、政府が無料でアドバイスを始める。アドバイザーを申し込んだ人々の家庭や会社に行き、バスの路線や、自転

　車やバス、電車利用のいいところについて話をするそうだ。このように世界は、環境を守るために努力しているのだ。

　많은 사람들은 자동차 배기가스가 환경에 주는 피해를 걱정하고 있다. 영국에서는 어떻게 하면 자동차를 이용하는 횟수를 줄일까에 대해서, 정부가 무료로 어드바이스를 시작한다. 어드바이스를 신청한 사람들의 가정이나 회사에 가서, 버스 노선이나, 자전거와 버스, 전철 이용의 좋은 점에 대해서 이야기를 한다고 한다. 이처럼 세계는 환경을 지키기 위해서 노력하고 있는 것이다.

2 영국정부는 사람들에게 무엇을 권유할 생각인가?
　❶ 전철을 무료로 이용하는 것
　❷ 자전거를 파는 것
　❸ 자동차 이용을 줄이는 것
　❹ 싼 자동차를 사는 것

정답 ❸

어휘
環境 환경　あたえる 주다　被害 피해　心配 걱정　利用 이용
回数 횟수　減らす 줄이다　政府 정부　無料 무료
始める 시작하다　申し込む 신청하다　家庭 가정
会社 회사　線路 선로　自転車 자전거　電車 전철
世界 세계　守る 지키다　努力 노력　勧める 권유하다

　大好きなバンドがコンサートを行うと聞き、サチコはチケットを買うことにした。しかし、仕事の後、サチコがチケット売り場に行くと、チケットは売り切れたと言われた。そこでインターネットで買おうとしたが人気のあるバンドだったので買うことができなかった。その夜、友だちのエリカからサチコに電話があった。エリカはコンサートのチケットを2枚買っており、一緒に行かないかとサチコをさそった。サチコはとてもよろこんだ。

　굉장히 좋아하는 밴드가 콘서트를 한다고 들어서, 사치코는 티켓을 사기로 했다. 그러나, 일을 마친 후, 사치코가 티켓매장에 가니, 티켓은 품절되었다고 했다. 그래서 인터넷으로 사려고 했는데 인기가 있는 밴드였기 때문에 살 수가 없었다. 그 날 밤, 친구인 에리카로부터 사치코에게 전화가 왔다. 에리카는 콘서트 티켓을 2장 사서, 함께 가지 않겠느냐고 사치코에게 권유했다. 사치코는 매우 기

뻤다.

3 왜 사치코는 기뻐했는가?

① 결국 콘서트에 갈 수 있었기 때문에

② 친구로부터 파티에 초대받았기 때문에

③ 티켓매장에서 싼 티켓을 손에 넣었기 때문에

④ 친구가 인터넷에서 티켓을 살 수 있었기 때문에

정답 ①

어휘

大好きだ 아주 좋아하다　行う 행하다　聞く 듣다　買う 사다
仕事 일　売り場 매장　売り切れる 품절되다　人気 인기
夜 밤　電話 전화　枚 장　一緒に 함께　よろこぶ 기뻐하다
招待 초대　手に入れる 손에 넣다

> サトミとミチコは、先月アパートへ引っ越した。
> アパートは大きくて日当たりもよかった。でも台
> 所の壁紙と床のタイルは古くて、取り替える必要
> があった。二人はお金を節約するため、業者にお
> 金を払ってやってもらう代わりに自分たちで台所
> を修繕することにした。何回かの週末に一生懸命
> 作業して、とてもすてきな台所に仕上げた。
>
> 사토미와 미치코는 지난 달 아파트로 이사했다. 아파
> 트는 크고 햇볕도 잘 들어왔다. 하지만, 부엌의 벽지와
> 바닥의 타일은 오래되어서 교환할 필요가 있었다. 두 사
> 람은 돈을 절약하기 위해서 업자에게 돈을 지불하고 하
> 는 대신에 자기들이 부엌을 수리하기로 했다. 두 사람은
> 주말에 몇 번이나 열심히 작업을 해서, 매우 멋진 부엌
> 으로 완성했다.

4 어떻게 해서 사토미와 미치코는 돈을 절약했는가?

① 주말에 아르바이트를 하는 것에 의해서

② 새로운 아파트로 이사하는 것에 의해서

③ 싼 바닥 타일과 벽지를 사는 것에 의해서

④ 자기들이 부엌의 작업을 하는 것에 의해서

정답 ④

어휘

先月 지난 달　引っ越す 이사하다
日当たりがいい 햇볕이 잘 들다　台所 부엌　壁紙 벽지
床 바닥, 마루　取り替える 교환하다, 바꾸다　必要 필요
節約 절약　業者 업자　払う 지불하다　代わりに 대신에

修繕 수선, 수리　週末 주말　一生懸命 열심히　作業 작업
仕上げる 완성하다

 다음 글을 읽고 질문에 대한 대답으로 가장 적당한
것을 1·2·3·4에서 하나 고르세요.

> 日本には、昔から年に二回贈り物をする習慣が
> あります。夏のお中元と年暮れのお歳暮です。こ
> の時期が来ると、私と妻は何を贈ったらいいのか
> で①頭が痛くなります。だれに贈ったらいいか、
> 何を贈ったらいいかで、いつもあれこれ悩んでし
> まうからです。私は会社に入ったばかりですか
> ら、贈り物をする人もあんまりいないです。だい
> たい、会社の上司、先輩、妻の実家と私の両親
> で、数えても十個にもなりません。また、贈り物
> にそんなにお金をかけられないから普通の物を
> 買います。それなのに、買い物に行くと、選ぶの
> に、何時間もかかってしまうのです。
>
> 例えば、酒の好きな上司にビールを贈ろうと
> すると、酒を贈ってもご主人は喜ぶかもしれ
> ないが、奥さんのほうは喜ばないだろうと妻が
> 言います。それで、妻が缶づめのセットにしよ
> うと言うと、缶づめはほかの人もたくさん贈っ
> てくれるから、贈り物が缶づめばかりになって
> 相手が困るだろうと私が言います。すると、妻
> もじっくり考えてから缶づめのセットは、贈り
> 物というより②ありがた迷惑だと妻が言いま
> す。こうして何時間もあれがいいこれがいいと
> 迷いつづけてしまうのです。
>
> お中元とお歳暮は年二回で、お世話になった人
> 々にお礼をあげるいい習慣ですが、そのため、デ
> パートをうろうろするのも私たち夫婦の年二回の
> 習慣です。
>
> 일본에는, 옛날부터 1년에 두 번 선물을 하는 습관이
> 있습니다. 여름의 오츄겐과 연말의 오세이보입니다. 이
> 시기가 오면 저와 아내는 무엇을 선물하면 좋을지 ①머
> 리가 아파집니다. 누구에게 선물하면 좋을지, 무엇을 선
> 물하면 좋을지, 항상 이래저래 고민하기 때문입니다. 저
> 는 회사에 들어간지 얼마 되지 않기 때문에, 선물을 하
> 는 사람도 별로 없습니다. 대체로, 회사의 상사, 선배,
> 아내의 친정과 저의 부모님으로, 세어 봐도 10개도 되지

않습니다. 또, 선물에 그렇게 돈을 들일 수 없기 때문에
보통의 선물을 삽니다. 그럼에도, 쇼핑하러 가면, (선물
을) 선택하는데 몇 시간이나 걸려버립니다.

　예를 들면, 술을 좋아하는 상사에게 맥주를 선물하려
고 하면, 술을 선물로 해도 남편은 기뻐할지도 모르지
만, 부인 쪽은 기뻐하지 않을 것이라고 아내가 말합니
다. 그래서 아내가 통조림 세트로 하자라고 하면, 통
조림은 다른 사람도 많이 선물해 주기 때문에, 선물
이 통조림뿐이라서 상대가 곤란할 것이라고 제가 말
합니다. 그러면, 아내도 곰곰이 생각하고 나서, 통조
림 세트는 선물이라고 하기보다는 ②달갑지 않은 친절
(선물)이라고 아내가 말합니다. 이렇게 해서 몇 시간이
나 이것이 좋다 저것이 좋다며 계속 망설이는 것입니
다.

　오츄겐과 오세이보는 1년에 두 번, 신세를 진 사람들
에게 감사인사를 하는 좋은 습관입니다만, 그 때문에 백
화점을 어슬렁거리는 것도 우리들 부부의 1년에 두 번
하는 습관입니다.

5　①「머리가 아파집니다」 라고 하는데, 그것은 왜인가?

❶ 얼마정도의 물건을 선물로 하면 좋을지 고민하기 때문
에

❷ 언제 선물을 하면 좋을지 전혀 모르기 때문에

❸ 어떤 물건을 누구에게 선물로 하면 좋을지 망설여지기
때문에

❹ 아내와 선물을 할지 어떨지 항상 싸워버리기 때문에

6　남자는, 상사에게 통조림을 선물하는 것을 왜 반대하고
있는가?

❶ 매우 싸기 때문에 상대가 기뻐하지 않을 것 같기 때문에

❷ 다른 사람도 같은 선물을 할지도 모르기 때문에

❸ 통조림은 누구의 집에나 많이 가지고 있는 것이기 때문
에

❹ 상사의 부인이 통조림을 매우 싫어하기 때문에

7　「②달갑지 않은 친절」은 어떤 의미인가?

❶ 선물을 받고 아주 기쁘다.

❷ 선물을 받아 기쁘지만 난처하다.

❸ 선물을 받아도 기쁘지도 않고 난처한 것도 없다.

❹ 선물을 받아도 전혀 기쁘지 않다.

정답 **5** ③　　**6** ②　　**7** ②

어휘

昔 옛날　年 년　二回 두 번　贈り物 선물　習慣 습관　夏 여름
お中元 백중, 음력 7월 (일본은 양력 7월 15일) 보름날에 평소에
신세를 진 친척·친지에게 선물을 함　年暮れ 연말　お歳暮 연말,
연말선물　時期 시기　妻 아내　頭 머리　痛い 아프다　悩む 고민
하다　会社 회사　入る 들어가다　だいたい 대체로　上司 상사
先輩 선배　実家 친정　両親 부모님　数える 세다　十個 10개
お金 돈　かける 돈을 들이다　普通 보통　物 물건　買い物 쇼핑
選ぶ 선택하다　かかる 걸리다　例えば 예를 들면　酒 술
好きだ 좋아하다　ご主人 남편　喜ぶ 기뻐하다　奥さん 부인
缶づめ 통조림　ほか 다른　相手 상대　困る 곤란하다
ありがた迷惑 달갑지 않은 친절
迷いつづける 계속 망설이다　お世話になる 신세를 지다
お礼 답례, 감사인사　夫婦 부부

　あなたは人生をどう思いますか。
　ある日のことです。野村という人が王様に呼ば
れて、王様がいるところに行くようになりまし
た。その時はだいたい、王様に呼ばれる自体がと
ても怖いことだったようです。それで野口さん
は、自分といちばん親しいと思っていた友だちで
ある杉本さんにこのことを言いました。すると、
杉本さんは「一緒に行ってあげたいが、母が病気
なので行けそうもないんだ。ごめんね」と言いま
した。野村さんはがっかりして二番目の友だちの
田中さんに言ってみました。すると、田中さんは
「王様の住んでいるところまでは一緒に行けるけ
どそれ以上は困るよ」と言いました。それなら何
の意味もないと思って野村さんは結局一人で行く
ことにしました。その時、そんなに親しくもない
高橋さんが、「おーい君、何か悩みでもあるのか
い」と聞いてみました。それで野村さんが何の期
待もなく「王様に呼ばれて、王様がいるところま
で行かなきゃならないんだ」と言ったら、高橋さ
んはすぐに「それじゃ、ぼくと一緒に行こうよ。
お前はまじめな人間だから何のこともないだろ
う」と言いながら…。
　さあ、みなさん。これは何の話でしょうか。い
ちばん親しい友だちである杉本さんはお金を意味

するのです。人生でいちばん大事だと思っている
ものはあなたが死んでしまうと絶対ついて来ない
ことを言うのです。二番目の友だちは親類のこと
を意味します。なぜなら、あなたが死んだ時、墓
の前まで来て悲しんではくれるけれど、それ以上
は何もできません。それでは、三番目の友だちは
何を意味するのでしょうか。それはあなたの名前
でしょう。あなたがふだん、あんまり大事だなと
思っていない名前は、あなたが死んでしまっても
最後まで残ってあなたがどんな人だったのか人々
の口にのぼるでしょう。

　みなさんはこの三つの中からどんな物を選んで
生きていくべきかがわかるでしょう。

　당신은 인생을 어떻게 생각합니까?

　어느 날의 일입니다. 노무라라고 하는 사람이 왕에게
불리어져 왕이 있는 곳에 가게 되었습니다. 그 때는 대
체로, 왕에게 불리어지는 자체가 매우 무서운 일이었던
것 같습니다. 그래서 노무라 씨는 자신과 가장 친하다고
생각하고 있었던 친구인 스기모토 씨에게 이 일을 말했
습니다. 그러자, 스기모토 씨는 '함께 가 주고싶은데 어
머니가 병이어서 갈 수 있을 것 같지도 않아. 미안'.이
라고 말했습니다. 노무라 씨는 실망하여 두 번째 친구
인 다나까 씨에게 말해 보았습니다. 그러자 다나까 씨는
'왕이 살고 있는 곳까지는 함께 갈 수 있지만 그 이상은
곤란해'라고 말했습니다. 그렇다면 아무런 의미도 없
다고 생각해서 노무라 씨는 결국 혼자서 가기로 했습니
다. 그 때, 그렇게 친하지도 않은 타카하시 씨가, '어이
자네, 뭔가 고민이라도 있어?'라고 물어보았습니다. 그
래서 노무라 씨는 아무런 기대도 없이 '왕에게 불리어져
왕이 있는 곳까지 가야만 해'라고 말했더니, 타카하시
씨는 바로 '그럼, 나와 함께 가자. 너는 성실한 사람이어
서 아무 일도 없을 것이야'라고 말하면서….

　자, 여러분. 이것은 무슨 이야기일까요? 가장 친한 친
구인 스기모토 씨는 돈을 말하는 것입니다. 인생에서 가
장 중요하다고 생각하고 있는 것은 당신이 죽어버리면
절대 따라오지 않는 것을 의미하는 것입니다. 두 번째
친구는 친척을 의미합니다. 왜냐하면 당신이 죽었을 때,
무덤 앞까지 와서 슬퍼해 주지만, 그 이상은 아무 것도
할 수 없습니다. 그럼, 세 번째 친구는 무엇을 의미하는
것일까요? 그것은 당신의 이름이겠죠. 당신이 평소에
별로 중요하다고 생각하고 있지 않은 이름은, 당신이 죽

어 버려도 마지막까지 남아서 당신이 어떤 사람이었던
가 사람들의 입에 오르내리겠죠!

　여러분은 이 세 개 중에서 어떤 것을 선택해서 살아가
야만 하는지 알겠죠?

8 필자가 가장 친한 친구를 돈에 비교했던 것은 왠가?

　❶ 모두가 소중하다고 생각하고 있는 것이고, 마지막까지
함께 있어 주기 때문에

　❷ 인생에서 바로는 도움이 되지만, 마지막까지는 함께 하
지 않기 때문에

　❸ 가장 친한 친구는 돈과 같을 만큼 소중한 존재이기 때문
에

　❹ 돈이 없으면 친구도 따라오지 않고, 생활도 할 수 없기
때문에

9 필자는 두 번째 친구는 왜 친척이라고 말하고 있는가?

　❶ 자신의 목숨을 구하기 위해서, 사람들에게 여러 가지 일
을 하기 때문에

　❷ 자신이 죽고 나서도 자신을 위해서 여러 거지 일을 해
주기 때문에

　❸ 친척은 누구라도 항상 자신을 위해서 기도해 주기 때문
에

　❹ 자신의 죽음을 슬퍼해 주지만, 그 뒤는 아무 것도 없기
때문에

10 여기서 말하는 '왕'은 무엇을 의미하고 있는가?

　❶ 친구

　❷ 돈

　❸ 죽음

　❹ 자신

정답　8 ❷　**9** ❹　**10** ❸

어휘

人生 인생　日 날　王様 임금, 왕　呼ぶ 부르다

だいたい 대체로　自体 자체　怖い 무섭다　親しい 친하다

友だち 친구　一緒に 함께　母 어머니　病気 병

동사ます형 + そうもない ~할 것 같지도 않다

がっかりする 실망하다　二番目 두 번째　住む 살다

以上 이상　困る 곤란하다　意味 의미　結局 결국　悩み 고민

聞く 묻다　期待 기대　まじめだ 성실하다　大事だ 중요하다

死ぬ 죽다 絶対 절대 ついて来る 따라오다 親類 친척
墓 무덤 悲しむ 슬퍼하다 名前 이름 ふだん 평소
最後 마지막 残る 남다 口にのぼる 입에 오르내리다
選ぶ 선택하다 生きる 살다

문제6 다음 글을 읽고 질문에 대한 대답으로 가장 적당한
것을 1·2·3·4에서 하나 고르세요.

4月にタイを訪れる外国人はおどろくべきもの
を目にするかもしれない。タイの人々は普通おだ
やかで親切である。しかし、この時期、彼らがバ
ケツやドラム缶を使ってお互いに水をかけ合って
いるところが目撃できるかもしれないからだ！水
合戦(注1)は首都バンコクからもっとも小さな村ま
で、国中の村で行われる。観光客には、おそらく
国中が一つの大きな水戦争をしているように見え
るからであろう。外国人はしばしばこれを「水祭
り」と呼ぶ。この祭りの期間中には観光客もびし
ょぬれ(注2)になるかもしれないので注意したほう
がよい。

しかし、水祭り（タイ語ではソンクラーン）は
単なる水合戦ではない。タイでもっとも一般的な
宗教は仏教で、ほとんどの人々が仏教を信じてい
る。祭りはタイの新年の間に行われ、祭りの重要
な要素は僧侶(注3)の話を聞くことである。僧侶は
タイの人々が肉体と精神を浄化する手助けをする
が、水はそれと同じく、物体を清める(注4)ものな
のである。

ソンクラーンはタイの人々が自分の家、お寺、
体を清めるために水をかける行事ある。祭りの初
日には、ブダシーンと呼ばれる博物館所蔵の仏像
がおおぜいの人々によって選ばれ、タイ人はそれ
を清めるために水をかける。また、祭りのときに
は族の年長者から助言も受ける。

ソンクラーンの期間中にタイにやってくる観光
客は多くのさまざまな行事にも参加することがで
きる。この中には、美しい伝統的な衣装を着たタ
イ人による民族舞踊(注5)もある。珍しいタイの美
術展示もこの時期によく行われ、さまざまな伝統
的なタイ料理（ソンクラーンのために特別に作ら
れたもの）も国中のレストランで食べられる。ソ
ンクラーンは単なる水合戦ではない。タイを訪れ

る外国人はソンクラーンは単なる水合戦ではない
ということを知っておくべきである。

4월에 태국을 방문하는 외국인은 놀랄만한 것을 볼 지
도 모른다. 태국 사람들은 보통 온화하고 친절하다. 그
러나, 이 시기, 그들이 양동이나 드럼통을 사용해 서로
물을 끼얹는 것을 목격할 수 있을 지도 모르기 때문이
다! 물싸움은 수도 방콕에서 아주 작은 마을까지, 전 나
라의 마을에서 행해진다. 관광객에게 있어서는, 아마 나
라 전체가 하나의 큰 물싸움을 하고 있는 듯이 보여질
것이다. 외국인은 이것을 '물축제'라고 부른다. 이 축제
기간 중에는 관광객도 흠뻑 젖을 지도 모르기 때문에 주
의하는 편이 좋다.

그러나, 물축제(태국어로는 송끄랑)은 단순한 물싸움
은 아니다. 태국에서도 가장 일반적인 종교는 불교로 대
부분의 사람들이 불교를 믿고 있다. 축제는 태국의 신
년 동안에 행해지며, 축제의 중요한 요소는 승려의 이야
기를 듣는 것이다. 승려는 태국 사람들이 육체와 정신
을 정화하는 도움을 주는데 물은 그것과 마찬가지로 육
체를 정화하는 것이다.

송끄랑은 태국사람들이 자신의 집, 절, 몸을 정화하기
위해서 물을 사용할 때이다. 축제의 첫 날에는 부다신이
라고 불리는 박물관 소장의 불상이 많은 사람들에 의해
서 선택되고, 태국사람은 그것을 정화하기 위해서 물을
끼얹는다. 또 축제 때, 가족의 연장자로부터 조언을 받
는다.

송끄랑의 기간 중에 태국에 온 관광객은 많은 다양한
행사에도 참가할 수가 있다. 이 중에는 아름다운 전통적
인 의상을 입은 태국사람에 의한 민족무용도 있다. 진기
한 태국의 미술전시도 이 시기에 자주 행해지며, 다양한
전통적인 태국요리(송끄랑을 위해서 특별하게 만들어진
것)도 나라 전체의 레스토랑에서 먹을 수 있다. 송끄랑
은 단순한 물싸움이 아니다. 태국을 방문하는 외국인은
송끄랑은 단순한 물싸움이 아니라는 것을 알아두어야만
할 것이다.

11 송끄랑 축제에 대해서 바른 것은 무엇인가?

❶ 많은 태국사람은 여행가는 것을 기대하고 있다.

❷ 사람들에게 물을 끼얹거나 해서는 안 된다.

❸ 관광객은 대도시에 들어 갈 수는 없다.

❹ 여행자는 젖는 것에 주의해야만 한다.

12 승려는 송끄랑 동안에 무엇을 하는가?

 ❶ 다른 승려에게 물을 끼얹는다.

 ❷ 부다신의 불상을 만든다.

 ❸ 태국사람이 몸과 마음을 깨끗이 할 수 있도록 도와준다.

 ❹ 태국의 국내 안의 가족을 방문한다.

13 송끄랑이 축제에 대해서 바른 것은 무엇인가?

 ❶ 태국사람이 집을 깨끗하게 하는 것으로 돈을 벌 수가 있다.

 ❷ 연장자가 가족에게 조언을 한다.

 ❸ 태국사람이 국가를 위해서 특별한 불상을 건설한다.

 ❹ 젊은이가 연장자에게 물을 끼얹는다.

14 본문의 내용과 맞는 것은 어느 것인가?

 ❶ 물을 끼얹는 것은 축제의 일부분에 지나지 않는다.

 ❷ 태국사람은 그 축제를 즐기지 않는다.

 ❸ 그 행사는 외국인을 맞이하는 좋은 방법이다.

 ❹ 그 축제 때문에 물을 쓸 수 없게 된다..

정답 **11** ❹　**12** ❸　**13** ❷　**14** ❶

어휘

訪れる 방문하다　外国人 외국인　おどろく 놀라다

目にする 보다　普通 보통　おだやかだ 온화하다　親切 친절

時期 시기　お互いに 서로　水 물　かけ合う 서로 끼얹다

目撃 목격　主に 주로　ドラム缶 드럼통　使う 사용하다

水合戦 물싸움　首都 수도　もっとも 가장　村 마을

国中 나라 전체　行う 행하다　観光客 관광객　おそらく 이미

水祭り 물축제　呼ぶ 부르다　期間中 기간 중　誰 누구

びしょぬれ 흠뻑 젖음　注意 주의

ソンクラーン 태국에서 음력 설날에 행하는 축제. 정부에 의해

4월13일부터 15로 고정되어 있음　単なる 단순한　一般的 일반적

宗教 종교　仏教 불교　ほとんど 거의　信じる 믿다

新年 신년　間 사이　重要 중요　要素 요소　僧侶 승려

肉体 육체　精神 정신　浄化 정화　手助け 도움

同じく 마찬가지로　物体 물체　清める 정화하다　家 집

お寺 절　初日 첫날　博物館 박물관　所蔵 소장

おおぜい 많은 사람　選ぶ 선택하다　家族 가족

年長者 연장자　助言 조언　受ける 받다　さまざまな 다양한

行事 행사　美しい 아름답다　伝統的 전통적　衣装 의상

着る 입다　民族 민족　舞踊 무용　珍しい 신기하다, 진귀하다

美術 미술　展示 전시　料理 요리　特別 특별　忘れる 잊다

覚悟 각오　国内中 국내 안　かせぐ 돈을 벌다　若者 젊은이

方法 방법

문제7 오른쪽 페이지는 '사원 모집' 안내이다. 이것을 읽고, 아래 질문에 답하세요. 정답은 1・2・3・4에서 가장 적당한 것을 하나 고르세요.

	講座名	曜日	時間	回数	期間・対象	受講料
						城南区役所の公開講座のご案内
1	英会話	土	10:00〜13:00	8	10/15〜12/14 初級から始まる	3,500円 *教材費は含む
2	辯当づくり	水	14:00〜15:30	4	10/01〜10/31 男女不問	4,000円 *食材費は1000円(別途)
3	ビジネスマナー	月水	19:00〜20:30	4	11/01〜11/30 会社員なら どなたでも	2,000円 *教材費は1500円(別途)
4	ゴルフ教室	土日	14:00〜16:00	8	10/25〜11/24 どなたでも 受講可	5,000円
5	おすし作り	平日	15:00〜17:00	5	10/20〜10/26	4,000円 *材料費は1000円(別途)
6	テニス教室	土	10:00〜12:00	8	10/09〜12/10 基礎から 高級まで可	4,000円
7	インテリア	木	14:00〜16:00	8	10/15〜12/14 主婦なら どなたでも	4,500円 *教材費は500円(別途)
8	水泳教室	木金	06:30〜20:00	20	10/17〜12/16	6,500円
9	カラオケ	金日	19:00〜20:30	4	11/20〜12/19	3,500円
10	韓国語教室	水木	19:30〜21:30	16	10/1〜11/30 どなたでも	3,000円 *教材費は500円(別途)
11	読書教室	日	10:00〜12:00	4	10/20〜11/19	4,500円 *教材費は含む
12	生け花	土	10:00〜12:00	4	10/15〜11/14	3,000円 *材料費は1000円(別途)

독해

실전 모의테스트

죠난구청의 공개강좌 안내

	강좌명	요일	시간	회수	기간·대상	수강료
1	영어회화	토	10:00~13:00	8	10/15~12/14 초급부터 시작된다	3,500 엔 *교재비는 포함
2	도시락 만들기	수	14:00~15:30	4	10/01~10/31 남녀불문	4,000 엔 *교재비는 1000 엔(별도)
3	비즈니스 매너	월수	19:00~20:30	4	11/01~11/30 회사원이라면 누구라도	2,000 엔 *교재비는 1500 엔(별도)
4	골프강좌	토일	14:00~16:00	8	10/25~11/24 누구라도 수강 가능	5,000 엔
5	초밥만들기	평일	15:00~17:00	5	10/20~10/26	4,000 엔 *재료비는 1000 엔(별도)
6	테니스교실	토	10:00~12:00	8	10/09~12/10 기초부터 고급까지 가능	4,000 엔
7	인테리어	목	14:00~16:00	8	10/15~12/14 주부라면 누구라도	4,500 엔 *교재비는 500 엔(별도)
8	수영교실	목금	06:30~20:00	20	10/17~12/16	6,500 엔
9	가라오케	금일	19:00~20:30	4	11/20~12/19	3,500 엔
10	한국어교실	수목	19:30~21:30	16	10/1~11/30 누구라도	3,000 엔 *교재비는 500 엔(별도)
11	독서교실	일	10:00~12:00	4	10/20~11/19	4,500 엔 *교재비는 포함한다
12	꽃꽂이	토	10:00~12:00	4	10/15~11/14	3,000 엔 *재료비는 1000엔(별도)

15 은행원인 다나카 씨는 항상 6시에 회사가 끝나기 때문에, 평일의 6시 이후부터 강좌를 들을 수가 있다. 하지만, 토요일과 일요일은 가끔 회사에서 일이 있기 때문에 강좌를 들을 수가 없다. 또, 모든 비용을 포함해서 4천 엔 이하로 받을 수 있는 강좌를 찾고 있다, 다나카 씨가 받을 수 있는 강좌는 몇 개 있는가?

❶ 두 개
❷ 세 개
❸ 네 개
❹ 다섯 개

16 주부인 에리카 씨는 화요일과 수요일은 아르바이트 때문에 시간이 없다. 하지만, 다른 요일(토일은 불가능하다)은 시간이 있기 때문에, 10시부터 16시까지 강의를 받기로 했다. 에리카 씨는 10월 15일까지는 다른 할 것이 있기 때문에 강좌를 받을 수가 없다. 에리카 씨의 조건에 맞는 강좌는 어느 것인가?

❶ 인테리어
❷ 수영교실
❸ 초밥 만들기
❹ 영어회화

정답 **15** ❶ **16** ❷

어휘

社員 사원　募集 모집　案内 안내　銀行員 은행원　会社 회사
終わる 끝나다　以降 이후　授業 수업　受ける 받다
土曜日 토요일　日曜日 일요일　たまに 가끔　仕事 일
費用 비용　含める 포함하다　以下 이하　講座 강좌　探す 찾다
主婦 주부　火曜日 화요일　水曜日 수요일　ほか 다른
土日 토일　講義 강의　条件 조건　合う 맞다　水泳 수영
英会話 영어회화　講座名 강좌명　回数 횟수　期間 기간
対象 대상　受講料 수강료　弁当 도시락　読書 독서
生け花 꽃꽂이　初級 초급　始まる 시작되다　男女 남녀
不問 불문　受講可 수강 가능　基礎 기초　高級 고급
主婦 주부　教材費 교재비　含む 포함하다　別途 별도

読解

저자소개

이장우 (李長雨)

현재 학원강사로 활동 중

주요 저서

新JLPT 한번에 패스하기 N1/N2
JPT파트 1 · 2를 지배하는 법
JPT파트 3 · 4를 지배하는 법
JPT파트 5 · 6를 지배하는 법
JPT파트 7 · 8를 지배하는 법
문제로 잡는 일본어능력시험 1급/2급/3 · 4급
JPT 필출어휘 필출문장
JPT 너 딱! 걸렸어 시리즈 외 다수

お疲れ様でした!

초판발행	2011년 10월 15일
1 판 2 쇄	2015년 3월 15일

저자	이장우
펴낸이	엄호열
펴낸곳	(주)시사일본어사
등록일자	1977년 12월 24일
등록번호	제 300 - 1977 - 31호
주소	서울시 종로구 자하문로 300 시사빌딩
전화	내용문의 (02) 764　-1582
	주문문의 (02) 3671 - 0555
팩스	(02) 3671 - 0500
홈페이지	http://book.japansisa.com
이메일	sisa_book@naver.com

ISBN　978-89-402-9070-5 13730

*이 교재의 내용을 사전 허가없이 전재하거나 복제할 경우 법적인 제재를 받게 됨을 알려 드립니다.
*잘못된 책은 구입하신 서점이나 본사에서 교환해 드립니다.
*정가는 표지에 표시되어 있습니다.